地方再興の力になるSLの恒久運転

中本祥二

JN195187

イカロス出版

目次

第2章　SL運行がもたらす地域への恩恵

第3章　機関士と機関助士の養成・訓練および、部品調達、技術者確保の問題

日本で初めて蒸気機関車の動態保存を行った大井川鐵道。現在も動態運転を継続しており、写真のC56形をはじめ4両の機関車が活躍を続けている。

はじめに

―あまたの人々を惹き付ける蒸気機関車―

2024(令和6)年のゴールデンウィークの5月3日。この日、山口県山口市の新山口駅で、JR山口線の観光列車「SLやまぐち号」の2年ぶりの運転再開の記念セレモニーが行われた。乗客、見学客、来賓など約850人が駆け付け、発車する1番ホームと対面するホームはぎっしりと人々で埋まった。地元・山口県の3人組音楽ユニット「HiKaRi」がピアノ、バイオリン、エレクトーンでゴダイゴ「銀河鉄道999」、葉加瀬太郎「情熱大陸」などを演奏し、場を盛り上げた。地域の代表者である村岡嗣政山口県知事や伊藤和貴山口市長などの来賓が明るく挨拶をした後に、列車は甲高く汽笛を鳴らして発車した。D51形200号機の黒い巨体が、約240人を乗せた5両の客車を引っ張り、島根県の津和野駅に向けて走り始めた。

筆者は機関車の次位に連結された客車の窓側席に乗車したが、走行中の車窓からはとにかく多くの人々が手を振るなどして歓迎している様子が目に入った。その合計人数は、

3000人ぐらいだろうか。ホームセンターの駐車場には人が密集していた。マンションから出てくる人、農作業の最中に手を振る人もいた。体を踊らせながら満面の笑顔を浮かべる人がいれば、走って列車を追いかける小さな子どももいた。

途中の停車駅ではホームに溢れんばかりの出迎え客がいて、「窓開けて」というプラカードを掲げて窓ガラスを開けるように誘い、お菓子などの土産を無料配布していた。地福駅のホームで歓迎横断幕を掲げて立ち続ける人々に対し、興奮した乗客が大声でエールを送っていた。徳佐駅のホームでは地元有志の神楽が披露された。車内の乗客は終始歓談していて、初対面の人同士が連絡先を交換し合う会話も耳にした。沿線住民、脚立を構える「撮り鉄」ファン、乗客が一体になって喜びを分かち合う、独特の空間がそこにはあった……。

新山口駅で「SLやまぐち号」運行セレモニーで記念演奏を行った音楽ユニット「HiKaRi」。

「ＳＬ」「蒸気機関車」と聞くと、「鉄道ファンの愛好対象」であると、日本社会では一般的に受け止められている。これまでのＳＬ関係のセレモニーでは、来賓が挨拶で「全国の鉄道ファンのために」というように語ることもしばしばだった。

だが、筆者がこれまで見た限りでは、ＳＬは鉄道ファンのみならず、地元住民などあまたの人々に広く愛されている。「ＳＬやまぐち号」に手を振る人々は皆楽しそうである。ＳＬには普遍的に人を惹き付ける力があることは間違いない。いにしえの遺産であることだけでなく、郷愁を感じさせる汽笛の音に、センチメンタルな雰囲気を感じる人も多いと察する。

本書の執筆にあたって学術論文を目にすると、「ＳＬは遊び事」という風に記述されているものを複数見かけた。

「学術的なこと」と「そうでないもの」に明確な線引きはあるのだろうか。筆者は大学研究者ではないが、一応は大学学部生で卒業論文を執筆して卒業した。そして大学院に進み（修了しなかったが）、ある程度は学問に触れた。社会学や地理学などを学んだ。そうした筆者の感覚からすれば、人間が見て聞いて感じるもの全ては、学問対象である。例えば社会学では、研究対象として映画やＴＶドラマ、音楽アイドルグループを研究対象にすることはごく自然なことである。筆者は広島県在住であるが、地元のプロ野球チームの広島東洋カープは「原爆被害からの復興の象徴」とされているのみならず、多くの県民に愛好されていることで「社会的に意義のあるもの」として捉えられている。義務教育の学校で教員が授業で扱う題材にもなっている。「広島東洋カープはただの遊び事」と発言しようものなら、間違いなく失言とされる。それであるならば、沿線住民を喜ばせる「ＳＬ＝蒸気機関車」も、間違いなく学術研究の対象である。

筆者は社会学を中心に学ぶ学生時代を過ごし、また並行して都道府県知事選挙や参議院議員選挙のボランティア選挙活動などの社会活動に参加した時期がある。そうした中で多くの人と対話を重ねてきた経験から、世の中で一般的に「社会活動」とされているものには、「ファッション性の付与」がなされている。どういうことかというと、「この活動は社会的に意義があって、参加することは偉いことであり、世の中のため、日本のためなのです」と社会的に評価されている、つまりは「ファッション性」を付与されている活動と、一方でそうでない「ただの趣味活動」と評価されている活動がある、ということである。

そして、その「評価」というものは、必ずしも世の絶対無二な真実ではなく、時代によって変わるものである。「蒸気機関車」が「趣味事」と捉えられていることは、今時点でそうなっているに過ぎず、今後「社会的に意義があるもの」と評価されるようになる余地は大いにある。

再びプロ野球について触れると、広島県はともかくとして、日本全体では一般的にはその試合観戦は「娯楽」と捉えられている。それはサッカー、バレーボールなどほかの種目でも同様である。だが、それらスポーツ界のプロ選手が、出場することを目標としているオリンピック競技大会は、「スポーツを通じて世界平和を実現する」という社会貢献的な文脈で捉えられている。通常のスポーツ観戦が「娯楽」とされている一方で華舞台のオリンピックが社会貢献的なものとして扱われることを考えると、やはり「社会貢献活動」と「娯楽」は軌を一にしているのではないだろうか。

蒸気機関車の運行について話を戻すと、現在でも気付いている人はいるが、運行事業は沿線の地域経済にもたらす効果が非常に大きい。「ＳＬやまぐち号」の往路便と復路便の折り返し地点である津和野駅の周辺は大変な賑わいを見せ、飲食店には長蛇の列ができている。（片道）約240人の列車の乗客だけでなく、大型バスや自家用車で訪れる人も多くいて、津和野の街はそぞろ歩く観光客で埋め尽くされている。昭和40年代頃が盛況だったというこの街は今再び盛り上がっている。途中の長門峡駅（山口市阿東）近くの道の駅も、多くの人で賑わっている。観光客や自宅外に出てきた地元住民で賑わい、物販や飲食提供が盛んになると、それだけ店の収入が伸びる。土産物や飲食メニューを作る人、来店客に提供する人の仕事量が増え、その分勤務時間が増える。それはすなわち給与収入が増えることを意味する。いろいろな意味で、一般にいう「経済が回っている」状態になるのである。これは地域経済への多大な貢献であり、活性化ではないだろうか。人の往来がすっかり途絶え、昔ながらのお店が次々とシャッターを下ろす地域が多い現状において、対照的に、SL運行で賑わう地域は活況を呈しているのだ。

筆者は幼少期から蒸気機関車への興味を強く抱いていたが、2023（令和5）年に「蒸気機関車の運行を盛んにする方法を追究する書籍を書きたい」という強い思いを抱くに至った。２０２０（令和２）年に端を発した新型コロナ禍の影響で全国のＳＬ観光列車は運休したが、やがて運行を再開した。しかしその年の10月、「ＳＬやまぐち号」の牽引《けんいん》機関車「Ｃ57形１号機」は走行中に故障。代役で走り始めた「Ｄ51形２００号機」も、２年後に故障し、「ＳＬやまぐち号」はディーゼル機関車牽引の「ＤＬやまぐち号」に改められた。

その際に、ネット上で「ディーゼル機関車も今は貴重な存在だから、これでもいい」という意見が殺到しているのを見た。しかし、筆者は違和感を抱いた。

「ディーゼル機関車は今も貨物列車で定期運行をしている。日本の鉄道路線に非電化区間がある限り、ディーゼル機関車は存在し続ける。逆に蒸気機関車は日本から完全に消えた後に、後世に歴史を伝えるべく観光列車として運行をしている。人類の科学遺産であるという位置付けで走っている。だから、蒸気機関車の故障が相次ぐことが心配だ」……筆者はこの旨のコラムを執筆、２０２２（令和４）年10月７日付の日本経済新聞のコラム欄「私見卓見」に寄稿した。そのコラムでは「技術者の後進育成、交換部品の調達が上手く行くようになってほしい」と締めくくった。

だが、その筆者に対して、大変に衝撃的なニュースが、わずかに半月ほど後の10月24日に襲った。熊本県内を走行する「SL人吉」の牽引機関車の8620形58654号機が、2024（令和6）年に運行を終了して引退する、とJR九州が同社ホームページでプレスリリースした（この時、熊本県人吉市の観光関係者がインターネットのSNS上において、悲痛に満ちた感想を述べていた）。引退の理由は「技術者の人材難、交換部品の調達難」であり、筆者が日経新聞で懸念したことが正に当てはまっていた。

「技術者の人材難。交換部品の調達難」という問題が今起きているのならば、それを克服する術は無いのか。「SLは生き物であるから、いずれ寿命が尽きる。今、その時が到来した」という意見は非常に多い。だが筆者は真正面から反対する。日本の古城や神社仏閣、茅葺《かやぶ》き屋根民家は、それを構成する建材、屋根の解体修理や葺き替えなどで入れ替えながら、何百年、時に千年を超えて、明確な「文化財」「世界遺産」として存在し続けている。古城にはもうお殿様はいないが、神社は今も昔と同じく神様を祀《まつ》るべく機能している。

SLも昔のように走るという、同様のことができないか。何しろ、人類の貴重な科学・工業遺産であり、存在してその動く姿を見せ続ける社会的意義は十分にあると筆者は考えている。部品の入れ替えが定期的に行われ、技術者のメンテナンス手法が後世に伝われば、ＳＬは末永く存在し続けられ、元気に走り続けることができるだろう。

本書では、これらの技術面に加え、ＳＬを観光資源として見たときに、沿線にもたらされる経済効果、ＳＬが運行を終了した場合の沿線への影響について追求していきたい。鉄道会社や地方自治体、観光団体など各所に取材をし、話をまとめていくことにした。

「SL人吉」の牽引機関車の8620形58654号機。2022年11月18日、JRの八代駅にて撮影。当日は同機関車の製造日からちょうど100年で、約500人の訪問客に盛大に迎えられた。

第1章

蒸気機関車の誕生から衰退、そして動態復元へ至る歴史

まず第1章では、日本近現代史において
蒸気機関車、すなわちSLがどのような存在で
ありつづけたのかを詳述し、その興隆と衰退、
そして動態復元運転の始まりについて記したい。

❶ 蒸気機関の発明と蒸気機関車の誕生

「エネルギー」は、風力、水力、太陽光など自然に内在する力によって発生するが「火」によっても起こされる。先史時代の人類が、火山噴火などに頼らず、石と石、もしくは木と木を擦ることによる摩擦で、自ら火を発生させる術をなしたことが、現在に伝わる蒸気エネルギーの起源であろう。

紀元前後の古代アレキサンドリアの時代に活躍した工学者のヘロンが、蒸気機関を発明した。「ヘロンの蒸気機関」「アイオロスの球」といわれ、水を熱し、その蒸気で滑車を回転させてエネルギーを発生させた。この「蒸気機関」の原理はその後の人類史で大きな動力源となってきた。

大がかりな産業用装置として蒸気が用いられた明白な史実は、1712年のイギリスのニューコメンが発明した大気圧機関である。釜で石炭を焚いて蒸気を起こし、シリンダー内に蒸気を送り込み冷却水によって蒸気を凝縮させ、発生した真空と大気圧の圧力差でピストンを動かすものであった。当時の鉱山においては湧き出る地下水をくみ上げて除去する必要があったが、手押しポンプや水車、馬力に比べて大気圧機関の運搬能力は格段に向上した。1700年代半ば、イギリスでは100台も使われたという。

1700年代後半から1800年代にかけて活躍した同じくイギリスのジェームス・ワットは、大幅に能力を向上させた蒸気機関を開発した。1765年に発明された復水器付きの蒸気機関は、ニューコメンの大気圧機関と比べて3分の1の石炭で同じ能力を発することができた。さらにはピストンの動きを回転運動にすることにも成功し、機械の心棒を回すことができるようになった。ニューコメンの大気圧機関は鉱山における機械であったが、ワットの蒸気機関はあらゆる所で工場機械として使用された。それまでの工場の動力は水力であったが、大量の水をたたえる川が近くに無ければならない制約があるうえに、水力から生まれるエネルギーは蒸気機関で生まれるエネルギーよりも小さかった。こうして蒸気機関により工場を稼働することで、紡績や織物の産業が盛んになった。

１８００年代はいよいよ、交通機関、移動手段として蒸気機関が使われることになった。前世紀の１７６９年にフランスのキュニョーが蒸気自動車を開発し、１８０３年にはイギリスのトレビシックがレールの上を走る蒸気機関車を開発したが、壊れるなどして実用化しなかった。だが、１８２５年に同じくイギリスのストックトンとダーリントンの間に鉄道が敷設され、ジョージ・スティーブンソンが「ロコモーション号」を開発した。

そして１９２９年には、リバプールとマンチェスターの間に敷設中の鉄道を走る蒸気機関車を採用するコンテスト「レインヒル・ト

イギリスの博物館で保存されている「ロケット号」のレプリカ。

ライアル」が開催され、5両の機関車が競った。その中で優勝したのはジョージ・スティーブンソンの息子のロバート・スティーブンソンが開発した「ロケット号」であった。走行路線のリバプール・アンド・マンチェスター鉄道は1830年9月15日に開通し、この時世界で初めて一般乗客を乗せた客車を牽いた蒸気機関車が走り始めた。運行距離は約50キロメートル、時刻表を用いて定期運行する世界初の営利鉄道であった。それまでの鉄道の動力は馬力が主流であったが、蒸気機関車を用いることによって確実に迅速に大量に人や物の輸送をすることが可能になった（このロケット号の実物は改造の後、現在はロンドンの科学博物館に保存されている）。

その後、蒸気機関車は世界各国で敷設された鉄道路線を走行して長蛇の客車や貨車を牽引し、都市間の人・モノ輸送、すなわち石炭や石油、農作物などの輸送で大活躍し、産業革命を後押しした。

❷ 蒸気機関車の日本到来と国産化への道のり

イギリスで誕生して世界各国に普及した蒸気機関車は、日本においては実用化前に模型が製作された。この模型は江戸時代末期に海外から輸入され、国内でも製作された。輸入された模型は、ロシア帝国や黒船で来航したアメリカのペリーによって提供された。国内で製作されたものについては佐賀藩や加賀国、長州藩、宇和島藩が製作したとも伝えられ、木戸孝允や大村益次郎が関わっていたという。

これらの模型の大きさは実物の四分の一、ベッド一個分に相当するほどだったという石炭を使って蒸気を発生させ、その蒸気圧によって動かすという本格的なもので（河出書房新社刊『日本の鉄道創世記　幕末明治の鉄道発達史』中西隆紀より）、蒸気機関車の実用化にあたりメカニズムの習得に役立てられた。

当時製作された模型は、現在も４両が山口県立山口博物館などに残されている。

1872(明治5)年に新橋～横浜間で日本初の旅客営業運転が開始された(日本初の鉄道は北海道の茅沼炭鉱の石炭輸送という説もある)。この時はイギリスから輸入された10両の蒸気機関車が導入された。

新橋～横浜間の距離は東京圏の約29キロメートルに過ぎないが、その後東京圏と中京圏、京阪神圏の都市間輸送や北海道の開拓による石炭・農産物輸送を行いたい明治政府の意向により鉄道敷設は急激な勢いで進み、三十数年間で全国に総延長約7000キロメートルが敷設された。1年間平均で約233キロメートル(JR中央本線・篠ノ井線の東京～松

1874(明治7)年の大阪～京都間開業に際してロバート・スチーブンソン社から輸入された2号機関車。晩年は京都府の加悦鉄道で活躍した。(写真/PIXTA)

本とほぼ同等の距離）の鉄道が建設されたことになる。一路線の鉄道建設に10年、20年もかかる昭和戦後以降と比較すると驚異的なスピードといえるだろう。

建設された路線で使用される蒸気機関車の製造・運行技術は、イギリスだけに限らなかった。北海道においてはアメリカのポータ社の機関車が導入されて活躍した（現在も当時の機関車が京都府京都市、埼玉県さいたま市、北海道小樽市で保存展示されている）。また、四国と九州に

北海道の小樽市総合博物館で保存されている7100形「しずか」。1885（明治18）年にアメリカのポーター社から輸入された。（写真／PIXTA）

おいてはドイツの技術が導入され、讃岐鉄道（現在のＪＲ予讃線の一部と土讃線の一部）の旅客・貨物輸送や、筑豊炭田の石炭輸送に用いられた。夏目漱石が小説『坊っちゃん』の中で「マッチ箱のやうな汽車」と記している伊予鉄道（愛媛県松山市）の蒸気機関車は、多くがドイツ製である（一部イギリス製のものもある）。

そして明治政府は次第に、蒸気機関車を輸入に頼らず国産化することへと舵を切るようになる。明治末期に製造技術が深化し、また第一次世界大戦の影響による輸入品不足で国産部品の製造が増えたことも相まって、国産化の条件は整っていった。

初めて国産の機関車が製造されたのは１８９３（明治26）年であり、鉄道庁神戸工場が担った。イギリス人技術者の指揮の下であったが、製造に携わった工員は全員日本人であったという。そして１９０２（明治35）年には日本の黎明期の代表的車両メーカーの「汽車製造」（現・川崎重工業）が、イギリス製機関車を模倣したものを製造した。この機関車は全41両が製造されて、少なくとも昭和30年頃まで長きにわたって活躍し、現在も京都市と佐賀県鳥栖《とす》市で静態保存されている。

❸ 国産化が本格化し、形式称号が体系づけられた国鉄の蒸気機関車

日本の鉄道路線は政府による官設鉄道のみならず民間資本でも建設が進められ、そして私設鉄道は後に次々と国有化されていった。１９０７（明治40）年頃には全国の主要17私鉄が国有化され、営業路線の総延長距離はそれまでの3倍近い７１５３キロメートルにも及んだ。日本各地の人と物資の輸送を活発にして産業経済を盛んにしたが、負の側面が生まれた。全国の極めて多種多様な形式の蒸気機関車（１８７形式、２３０５両）が混在し、その結果、運用や修理の方法が複雑になるという弊害を招くことになったのである。こうしたことから、設計や部品を統一した量産蒸気機関車が製造されていくことになった。

国産蒸気機関車の量産体制が整った１９０９（明治42）年に、国鉄の前身である鉄道院は「車両形式称号規程」を定めた。これにより蒸気機関車は体系的なルールに則って製造、運用していくことになった。

そして本格的な量産型国産蒸気機関車として1913（大正2）年に貨物用の9600形が、1914（大正3）年に旅客用の8620形が登場し、全国で活躍をした。ちなみにこの2形式は現在も京都鉄道博物館、九州鉄道記念館などで保存展示され、その姿を見ることができる。特に京都鉄道博物館の8620形は動態保存され、同館敷地内で実際に走行している。

「車両形式称号規程」は1928（昭和3）年に改定され、以降製造される機関車についてはアルファベット＋数字による形式称号となった。アルファベットは動輪の数を示し、「B」が2軸、「C」が3軸、「D」が4軸、「E」が5軸である。数字は10番台が「タンク式」、50～60番台が「テンダー式」である。「タンク式」はボイラー両脇に水を貯めるタンク、運転室後方に石炭を積載する箱を備えた車両で、「テンダー式」は機関車本体の後ろに水と石炭を積載する炭水車（テンダー）を連結した車両である。前者は炭水車がないため小回りが利き、おもに駅構内の入れ替えやローカル線で使用され、後者は長距離運行に適し幹線などの長距離列車や優等列車などで使用された。

JR北海道や東武鉄道、大井川鐵道など現在も多くの動態保存機が残るC11形は「タンク式」、国内の蒸気機関車で最も製造数が多いD51形や、戦後に製造され1954（昭和29）年に国内の蒸気機関車で最速の時速129キロメートルで走行した記録を持つ旅客機C62形は「テンダー式」にあたる。

4 電気・ディーゼル動力車の登場と蒸気機関車の淘汰

蒸気機関車は明治期には「陸蒸気《おかじょうき》」と称され、日本の近代化を象徴する存在であった。大正・昭和と時代が移り、さらに戦後も活躍を続けて戦災復興から高度経済成長期まで多くの人々や貨物を運び続けた。走行中にトンネルに入ると、煤《すす》が衣服や顔に付着することを避けるべく大急ぎで窓を閉めた思い出を持つ人もいるだろう。国鉄が企画して岩波映画が製作した1963（昭和38）年の短編映画「ある機関助士」では、C62形の重労働乗務に励む傍ら洗顔所で煤《すす》を落とす乗務員や、そのC62形が牽引する急行に乗車する利用客の様子が描かれていて、合間で映るビル風景と相まって、いにしえの昭和の光景が克明に記録されている。

一方で、蒸気に代わる動力（電気、ディーゼル）を用いた車両の導入も進んだ。1903（明治36）年には技術者の島安次郎氏が電気動力の必要性を提言しており、1904（明治37）年には甲武鉄道（現在のJR中央本線の一部）が電車の運転を開始している。群馬・長野県境の碓氷峠をまたがる国鉄（後のJR）信越本線の横川〜軽井沢間（1997〈平成9〉年に廃止）の急勾配区間では、当初は蒸気機関車

動力近代化が進む1970年代の北海道の長万部駅。ディーゼル機関車のDD51形（左）と蒸気機関車のC57形（右）が並ぶ光景も見られた。（写真／PIXTA）

で運行されたが、26ものトンネルを通って煤煙と熱気を浴びる乗務員の多大な負担、勾配区間ゆえの牽引重量の少なさがあり、発電所を建設することが至難だった時代にもかかわらず1912（明治45）年に電気機関車が導入された。

1933（昭和8）年にはディーゼル車両の研究も始まり、1937（昭和12）年には島秀雄氏の指揮の下で試作車両が製造された。しかし、第二次世界大戦下における燃料統制など様々な要因が相まって、電気車両もディーゼル車両も研究が頓挫することとなった。

戦時体制下でも蒸気機関車は（事故を除けば）大きな混乱が無く走行し続け、部品の統一化と修繕の合理化や、高い技術力の検査を行う日本の蒸気機関車は世界に稀に見るほどの高い評価を受けた。1945（昭和20）年の時点において、国内では電気機関車が296両に対し蒸気機関車は5899両と圧倒的なシェアを誇り、路線の電化も1割程度に過ぎなかった。しかし国鉄は1948（昭和23）年にE10形を開発したことを最後に蒸気機関車の開発を打ち切った。諸外国のように蒸気機関車を近代化、技術革新する可能性もあったが、日本の国鉄は電気やディーゼルなど他動力への置き換えの方針を選んだ。

1959（昭和34）年、国鉄は「動力近代化」を答申し、本格的に蒸気機関車置き換えの道を進むことになる。この答申の具体的内容は、「エネルギー効率が低く燃料費がかさむうえ、大量の煙のために安全性や快適性に問題がある蒸気機関車を計画的に廃止・淘汰する（動力源の近代化）とともに、旅客車については原則として電車もしくは気動車（ディーゼルカー）に置き換える（動力方式の近代化）」という内容であった。前年の1958（昭和33）年時点において、国鉄の営業路線の総延長距離約2万キロメートルに比して電化路線はわずかに2237キロメートル、非電化区間の車両（客車・貨車を除く）はディーゼル機関車が118両、ディーゼルカーが1486両に対し、蒸気機関車は4514両と圧倒的なシェアを誇り、SLの勢力は絶大であったが、この後わずかに15年程度でSLは完全に淘汰される道を歩んでいく。最晩年の1975（昭和50）年3月には北海道で走行するのみになり、同年12月14日に室蘭本線で最終の定期旅客列車が運行された。10日後には貨物運行も終了、翌年3月に駅構内の入換車両も引退して、日本の国鉄から通常運転する水と石炭を使用したSLは完全消滅した。

なお、蒸気を活用した産業技術自体がSL消滅とともに消えたわけではなく、今も随所で活躍している。例えば、火力発電所の多くは今もSLと同じく水と石炭で蒸気を発生させて、タービンを回して発電している。身近なところでは、コンビニエンスストアに設置されている中華まんなどを蒸かすガラス器具や、家庭用スチームオーブンなども蒸気を活用したツールといえるだろう。このほか1950（昭和25）年創業で兵庫県加古川市に本社を置く株式会社テイエルブイ（TLV）は最新の蒸気機械を開発し続けている。

北海道の追分駅構内で貨車などの入換用として1976（昭和51）年3月まで活躍した9600形79602号機。（写真／PIXTA）

国鉄の量産形式の蒸気機関車の一覧

形式	9600形	8620形
タイプ	テンダー式	テンダー式
軸配置	先輪1軸 - 動輪4軸（1D）	先輪1軸 - 動輪3軸（1C）
おもな運用	貨物列車	旅客列車
製造時期	1913（大正2）年～1926（大正15・昭和元）年	1914（大正3）年～1929（昭和4）年
製造両数	784両	687両
動態保存機	49671号機（圧縮空気方式による。真岡鐵道真岡駅SLキューロク館構内）	8630号機（京都鉄道博物館）
おもな静態保存機	9608号機（青梅鉄道公園）、9633号機（京都鉄道博物館）、59609号機（三笠鉄道記念館）、59634号機（九州鉄道記念館）ほか	8620号機（青梅鉄道公園）、48640号機（弘南鉄道新里駅前）、58654号機（2024年まで動態保存機、JR九州人吉駅前）ほか
形式	C51形（18900形）	D50形（9900形）
タイプ	テンダー式	テンダー式
軸配置	先輪2軸 - 動輪3軸 - 従輪1軸（2C 1）	先輪1軸 - 動輪4軸 - 従輪1軸（1D 1）
おもな運用	旅客列車	貨物列車
製造時期	1919（大正8）年～1928（昭和3）年	1923（大正12）年～1931（昭和6）年
製造両数	289両	380両
動態保存機	なし	なし
静態保存機	5号機（鉄道博物館）、239号機（京都鉄道博物館）	25号機（北海道北見市三治公園）、140号機（京都鉄道博物館）
形式	C52形（8200形）	C53形
タイプ	テンダー式	テンダー式
軸配置	先輪2軸 - 動輪3軸 - 従輪1軸（2C 1）	先輪2軸 - 動輪3軸 - 従輪1軸（2C 1）
おもな運用	旅客列車、補機	東海道本線・山陽本線などの優等旅客列車
製造時期	1926（大正15・昭和元）年	1928（昭和3）年～1930（昭和5）年
製造両数	6両	97両
動態保存機	なし	なし
静態保存機	なし	45号機（京都鉄道博物館）
形式	C54形	C55形
タイプ	テンダー式	テンダー式
軸配置	先輪2軸 - 動輪3軸 - 従輪1軸（2C 1）	先輪2軸 - 動輪3軸 - 従輪1軸（2C 1）
おもな運用	旅客列車	旅客列車
製造時期	1931（昭和6）年	1935（昭和10）年～1937（昭和12）年

製造両数	17両	62両
動態保存機	なし	なし
おもな静態保存機	なし	1号機（京都鉄道博物館）、50号機（小樽市総合博物館）、52号機（JR九州吉松駅前）ほか
形式	C10形	C11形
タイプ	タンク式	タンク式
軸配置	先輪1軸-動輪3軸-従輪2軸（1C 2）	先輪1軸-動輪3軸-従輪2軸（1C 2）
おもな運用	都市近郊路線の旅客列車、駅構内などの入換え	都市近郊･ローカル線の旅客･貨物列車、駅構内などの入換え
製造時期	1930（昭和5）年	1932(昭和7)年〜1947(昭和22)年
製造両数	23両	381両
動態保存機	8号機（大井川鐵道）	171号機（JR北海道）、190号機（大井川鐵道）、207号機（東武鉄道）、227号機（大井川鐵道）、325号機（東武鉄道）※このほかに国鉄C11形と同型機で江若鉄道が自社発注した元C11形1号機の123号機（東武鉄道）がある。
おもな静態保存機	なし	1号機（青梅鉄道公園）、64号機（京都鉄道博物館）、80号機（JR西日本津山駅前）、292号機（JR東日本新橋駅前）ほか
形式	C12形	C56形
タイプ	タンク式	テンダー式
軸配置	先輪1軸-動輪3軸-従輪1軸（1C 1）	先輪1軸-動輪3軸（1C）
おもな運用	都市近郊・ローカル線の旅客・貨物列車、駅構内などの入換え	都市近郊・ローカル線の旅客・貨物列車
製造時期	1932（昭和7）年〜1947（昭和22）年	1935(昭和10)年〜1939(昭和14)年
製造両数	282両	160両
動態保存機	66号機（真岡鐵道）、167号機（圧縮空気方式による。若桜鉄道若桜駅構内）、244号機（圧縮空気方式による。明知鉄道明智駅構内）	44号機（大井川鐵道）、160号機（京都鉄道博物館構内）
おもな静態保存機	2号機（三笠鉄道記念館）、6号機（小樽市総合博物館）、164号機（大井川鐵道<所有は日本ナショナルトラスト>、元動態保存機で再度動態復元予定）ほか	31号機（東京都靖国神社遊就館）、135号機（大井川鐵道、動態復元予定）、149号機（JR東日本清里駅前）ほか
形式	C57形	D51形
タイプ	テンダー式	テンダー式
軸配置	先輪2軸-動輪3軸-従輪1軸（2C 1）	先輪1軸-動輪4軸-従輪1軸（1D 1）
おもな運用	旅客列車	貨物列車
製造時期	1937(昭和12)年〜1947(昭和22)年	1936(昭和11)年〜1945(昭和20)年

製造両数	201 両	1115 両
動態保存機	1 号機（JR 西日本）、180 号機（JR 東日本）	200 号機（JR 西日本）、498 号機（JR 東日本）
おもな静態保存機	19 号機（新潟市新津鉄道資料館）、44 号機（四国鉄道文化館）、135 号機（鉄道博物館）、139 号機（リニア・鉄道館）、201 号機（北海道旭川市古潭公園）ほか	1 号機（京都鉄道博物館）、2 号機（津山まなびの鉄道館）、96 号機（碓氷峠鉄道文化むら）、231 号機（東京都国立科学博物館）、398 号機（名寄市北国博物館）ほか
形式	C58 形	C59 形
タイプ	テンダー式	テンダー式
軸配置	先輪1軸 - 動輪3軸 - 従輪1軸（1C 1）	先輪2軸 - 動輪3軸 - 従輪1軸（2C 1）
おもな運用	旅客・貨物列車	旅客列車
製造時期	1938(昭和13)年～1947(昭和22)年	1941(昭和16)年～1947(昭和22)年
製造両数	431 両	173 両
動態保存機	239 号機（JR 東日本）、363 号機（秩父鉄道）	なし
おもな静態保存機	1 号機（京都鉄道博物館。元動態保存機）、139 号機（北海道計呂地交通公園）、389 号機（天竜浜名湖鉄道天竜二俣駅前）ほか	1 号機（九州鉄道記念館）、161 号機（広島県こども文化科学館）164 号機（京都鉄道博物館）
形式	D52 形	C61 形
タイプ	テンダー式	テンダー式
軸配置	先輪1軸 - 動輪4軸 - 従輪1軸（1D 1）	先輪2軸 - 動輪3軸 - 従輪2軸（2C 2）
おもな運用	貨物列車	旅客列車
製造時期	1943(昭和18)年～1946(昭和21)年	1948(昭和23)年～1949(昭和24)年
製造両数	285 両	33 両
動態保存機	70 号機（圧縮空気方式による。山北鉄道公園）	2 号機（京都鉄道博物館構内）、20 号機（JR 東日本）
おもな静態保存機	1 号機(JR 貨物広島車両所)、72 号機(JR 東海御殿場駅前)、468 号機（京都鉄道博物館）ほか	19 号機（鹿児島県霧島市城山公園）
形式	C62 形	E10 形
タイプ	テンダー式	タンク式
軸配置	先輪2軸 - 動輪3軸 - 従輪2軸（2C 2）	先輪1軸 - 動輪5軸 - 従輪2軸（1E 2）
おもな運用	優等旅客列車	勾配線区
製造時期	1948(昭和23)年～1949(昭和24)年	1948（昭和 23）年
製造両数	49 両	5両
動態保存機	2 号機（京都鉄道博物館構内）	なし
静態保存機	1 号機（京都鉄道博物館）、3号機（JR 北海道苗穂工場）、17 号機（リニア・鉄道館）、26 号機（京都鉄道博物館）	2 号機（青梅鉄道公園）

❺ 高まるSL人気と観光向けの動態運転

SLの運行が最終期に差しかかった社会情勢に反して、人々の間でSL人気は高まっていった。岡山県と鳥取県を結ぶ国鉄（現在のJR）伯備線の岡山県内の布原駅近くにおいては、D51形が3両連なって（三重連）貨物列車を牽引するシーンを撮影する人で賑わった。

また、この頃の状況を表している新聞記事（1975〈昭和50〉年12月15日、朝日新聞）によると、北海道の室蘭本線で運行された臨時列車には4200人が乗車し、沿線で約2万人が見物したという。

観光向けの動態復元運転は、その潮流と前後してすぐに始まった。静岡県の大井川鉄道（現在の大井川鐵道）は、1976（昭和51）年の7月9日に、C11形牽引の「かわね路号」の運行を開始した。同社がいち早くSL復活運行を開始した背景には、農村部の多い沿線地域の人口が減少し、貨物需要も先細りする将来を見据えて、SL運行で観光需要を喚起しようという経営判断があったという（同社広報室次長の山本豊福氏による）。

国鉄としても、依然高いＳＬ人気、動態復元運転の気運を受けて、観光列車としての復活運行を模索した。そして、ＳＬを恒久的に残すことを目的としてつくられた京都市の梅小路蒸気機関車館（現在の京都鉄道博物館）から接続できる営業路線の東海道本線で臨時列車を運行した。１９７６（昭和51）年９月４日のことである。電気車研究会刊『鉄道ピクトリアル』１９７２（昭和47）年10月号によると、当時の国鉄内部では東海道・山陰・福知山・奈良・草津の各線を使用した５～６のモデルコースに、週末などに臨時列車か団体臨時列車を運行する構想があったそうで、都市部を中心に大がかりに運行することが検討されていたことがうかがえる。当日の京都～大阪間の運行も、同区間の開業１００周年の記念という意味合いだけでなく、本格的な動態復元運転の始まりともされていた（それより前は、１９７６〈昭和51〉年３月に山陰本線の京都地区で平日の午前中に短期間運転されたに留まっていた）。

しかしこの時、大変に悲惨な事故が起きた。京都駅に向けた復路を走行中に、線路敷地内にいた小学生男児と列車が接触し、男児は死亡した。そして「京阪１００年号事故」として全国紙などが大々的に報道した（男児が線路内にいた理由については、本人が侵入したという説もあれば、周囲の人に押されてはじき出されたという説もあるが、どちらとも断定できない。この時乗務した機関士のコメントによると、事故の瞬間以外にも、何度も危ない場面があったという）。

この事故について、「マスコミが事前に大々的に列車運行を報じ過ぎたがゆえに、普段鉄道に関心の無い人まで線路際に殺到したことが悪い」という指摘もあれば、ある鉄道雑誌の編集長は「日本社会のマナーが良くならない限り、ＳＬ運行はするべきではない」という旨の主張をした。国鉄職員と警察官を合わせて１０００人以上が警備にあたったそうであるが、10万人以上という人出から起きる事故を防ぐことは極めて困難だったであろう。

事故の影響は非常に大きく、安全性が強く不安視されて、国鉄によるＳＬ運行は頓挫した。しかし、そのまま運行構想が途絶えてしまうかというと、そうではなかった。当時の高木文雄国鉄総裁は、後に都市部でなく地方路線における運行実現への強い意欲を示した。

１９７８（昭和53）年１月５日の朝日新聞で、高木総裁の意向が大々的に報じられた。以

下その記事を引用したい。（19面）

――「人類の偉大な科学遺産のシンボルとして、SL（蒸気機関車）をもう一度走らせたい」と、新年に当たって高木国鉄総裁がいい出した。検討を命ぜられた国鉄の担当部局は大あわてである。（昭和）五十年十二月に、営業線を走る国鉄最後のSLが姿を消してから二年余。わずかに京都・梅小路機関区で保存され、〝顔見せ〟に構内を細々と動いている四両のSLも命運が尽きる矢先だけに、高木発言が実現すれば、SLファンには何よりのお年玉だ。とはいえ、実現は多額の経費がかかる上、組合の反対を押し切って「SL廃止」を決めた国鉄の方針をも毀す。それだけに、国鉄内部には反対も強く、「初夢」の行方は微妙だが―。SLはディーゼル機関車より金を食うと、国鉄の「動力近代化」の中で次第に追われ、五十年十二月、北海道夕張線でデゴイチ（D51）が貨物列車を引いたのを最後に営業線から姿を消した。わずかに、鉄道百年記念事業として京都・梅小路機関区構内に生まれた『梅小路蒸気機関車館』で、動く姿が保存されているものの、毎日構内の百五十メートルほどを走るだけ。同館には、国産のＳＬのうち代表的な十六の形式の十七両が保存され、開業当時はうち十五両が動けたが、いまは四両しか動けない。ＳＬは四年ごとに、部品の一つ一つまで取り外して分解修理する徹底的な検査と修理を受けなければならないのに、ただ一つ残っていた長野の修理工場も五十一年二月の国鉄役員会決定で、ＳＬ部門を閉鎖。このため、〝検査切れ〟になったＳＬは動けなくなったからだ。今年九月には最後の一両も〝検査切れ〟となる。

こんな中で高木総裁は「ＳＬ運転再開」をブチ上げ、関係者に検討をうながした。

「ＳＬ復活はマニアのためや、単なる郷愁ではない。蒸気機関は産業革命の原動力となった人類の偉大な科学遺産。そのシンボルとして動くＳＬを残すことはこどもたちへの教育的な価値も大きい。それも梅小路のように構内を走らせるのではなく、一カ所でもいいから営業線で旅客列車や貨車を引かせたい。幹線ではムリだろうが、ローカル線では可能ではないか」

という高木総裁の言い分である。

同総裁のこうした〝初夢〟には理由があった。近年、過疎地や観光地を中心に、全国の市や町から「新しい観光の目玉にＳＬをもう一度」の陳情が国鉄に相次いだからだ。ざっと拾っても、妻線（宮崎県）、信楽線（滋賀県）、樽見線（岐阜県）、山口線（山口・島根県）、勇網線（北海道）など。

しかし、実現にいたる最大の難関はまずカネ。国鉄本社の試算だと、ＳＬの運転を再開するには、石炭と水の供給施設、ＳＬの方向転換をするターンテーブル、それに走行開始後一年間に三回の検査をする施設を含めて当初設備に三億円、それに二年目と四年目の本格的検査と修理を行うための工場に十億円が必要とか。さらに運行経費が、延長十九・三キロの妻線で初年度九千百万円、二年目から三千七百万円かかるという。毎年一兆円近い大赤字を出し続け、ローカル線の赤字減らしに躍起の国鉄が、〝ムダづかい〟に耐えられるか、どうかだ。それに、機関士、機関助士の再教育が必要だし、沿線（中略）、近代化」は、国鉄が一貫して進めてきた大方針で、労組の猛反対も抑え込んできた。

高木総裁も、こうした事情や、ＳＬが金を食うことは十分承知している。そのうえで、『国鉄だけではムリだが、科学遺産や生きた教材ということで科学技術庁や文部省の補助金をもらう方法もかんがえられなくはないし、知恵の出しようがあるのでは……』と営業運転再開への意欲を燃やす。国鉄内部でも、民間との共同出資による第三セクター方式で、SL運行が出来ないかなど、具体的な検討を続ける、という。別に、梅小路機関車館のSL〝延命〟についても、なんとか知恵をしぼろう、という。」――

　この記事においては高木総裁を皮肉めいて報じているニュアンスが強く、またSL復活運行にあたっての諸問題を多々挙げているが、将来の歴史継承のためにSL復活運行を実現させたいという高木総裁の強い意欲を読み取れる。「SL運行

「SLやまぐち号」の主要牽引機のC57形1号機。細いボイラーが織り成す車体の優美さが人気で、「貴婦人」とも呼ばれている。

は単にマニアのため、郷愁のためではなく、科学遺産であり教育価値があること」と語っているが、今から半世紀近く前に既にそういう見方があったことは意外である。

動力近代化という当時の国鉄の施策の中、異例とも取れるSL復活運行を、巨額の資金や乗務員の再教育という多々の課題を承知しながらも強力に推進した高木総裁は、いわば国鉄の「異端児」といえるが、国鉄内部からの昇格であった前代や前々代の総裁と異なり、外部（大蔵省）出身であることで、生粋の国鉄職員とは異なる「眼」があったのかもしれないが、氏の人物研究については後に詳しくしたいと思う。上記記事を読む限りでは、高木総裁のこうした強力なリーダーシップが無ければ、今の日本において（国鉄を民営化した）JR各線でのSL運行は存在していなかった可能性が高いと、筆者は感じる。

なお、記事中で挙げられている山口線以外に運行の可能性があった妻線などの各路線は後に全て廃止、もしくは第三セクター路線に転換されるという結果となった。

運行路線の選定の結果、最終的には山口・島根県の山口線の小郡《おごおり》（現・新山口）～津和野間が選ばれた。起点の小郡駅が新幹線と接続しているという側面も指摘されているが、地元の熱心な誘致運動が実を結んだかたちとなった。1979（昭和54）年8月1日に「SLやまぐち号」として運行を開始した。行政などの関係者は住民への理解を求め、安全対策を入念に行い続けた。（後述するが）住民グループによる努力で、一部の鉄道ファンの迷惑行為の防止にもつながった。同列車は45年が経過した現在も運行されている。沿線で官民挙げて大きな支援を受けているが、その詳細については後の章で記述したい。なお、牽引担当機は2両あり、1両は運行開始時から現在も牽引を担当しているC57形1号機である。もう1両はC58形1号機、C56形160号機と入れ替わって現在はD51形200号機である。C57形1号機は2020（令和2）年に運行途中に故障を起こし、現在は修繕中であるが、長年の走行実績と、細いボイラーで構成された車体が美しさを織り成している（「貴婦人」という愛称を持つゆえんである）こと、郷愁的でセンチメンタルな響きの汽笛が相まって、沿線地域での人気は非常に高い。

❻ JR九州が8620形を動態復元

「SLやまぐち号」に続き、九州でもSL運行が始まった。1987（昭和62）年に、北九州市長と、発足間もないJR九州の当時の社長が復活運行の約束を交わした。そして、九州内で走行実績があることを条件として、静態保存のSLから牽引担当車の選定が始まった。

九州で復活運行の気運が高まった背景には、『『SLやまぐち号』が人気であるから九州もSLで盛り上げよう」という心情があったものと思われる（熊本県の人吉中央出版社刊行の月刊誌『くまがわ春秋』の32号〈2018年11月〉に、それを示唆する記事がある）。

牽引車両の選定は、「雨ざらしで保存されていて車体状態が悪い車両が多い」ため苦労したようであるが、その中で関係者が目に留めたのは、熊本県人吉市にあるJR肥薩線矢岳駅前で保存されていた、「8620形58654号機」であった。本機は1975（昭和50）年に所属の人吉機関区で廃車になって現役を引退したが、人吉市役所では雨天による車体劣化を防ぐ屋根付きの保存展示館を設置してこの58654号機とD51形170号機を保存。元満洲鉄道・国鉄職員の得田徹氏が長年にわたり、毎日のように手入れをしていたので、ほかになく良好な保存状態を保てていたのである。

58654号機は、矢岳駅からトレーラーでJR九州・小倉工場（北九州市）に搬送されて復元工事が行われ、「SLあそBOY」として阿蘇山の麓を走る豊肥本線・熊本〜宮地間を走行することになった。しかし、人吉市民は「元々人吉の機関車なのだから人吉で走らせてほし

58654号機はかつてこのJR矢岳駅に隣接する人吉市SL展示館に保存展示されていた。標高約500メートルの険しい山間集落の中にある。

矢岳駅に隣接する展示館の館内。58654号機は写真右側に展示されていた。現在もD51形170号機が保存されているが、メンテナンスを担当していた得田徹氏の逝去後、車体の劣化が進んでいて心配の声が多くあがっている。

い」と要請し、その結果、「ＳＬあそＢＯＹ」運行と並行して年に数日は「ＳＬ人吉号」として肥薩線でも運行されることになった。

その後、「ＳＬあそＢＯＹ」と「ＳＬ人吉号」は５８６５４号機の故障などを理由に２００５（平成17）年に運行を終了したが、小倉工場で５８６５４号機の修復と客車のリニューアルを行い、２００９（平成21）年に「ＳＬ人吉」として再び肥薩線で運行されることになった（「ＳＬ人吉」は「ＳＬ人吉号」とは別列車の扱いである)。

「SL人吉」の運転開始に際し、94歳になった得田氏は長年の功績を表彰され、人吉駅ホームでの出発合図を行った。得田氏はその後に逝去したが、今なお矢岳地区住民など多くの人吉市民、全国のSLファンの記憶に残っている。

7 全国各地で復活していった蒸気機関車

1976(昭和51)年に日本で最も早く動態復元運転を始めた大井川鐵道はその後、動態蒸気機関車を増やしていった。第二次世界大戦期に国鉄からタイへと軍事供出されたC56形44号機、岩手県宮古市で動態復元運転(短期間で終了)された後に譲渡を受けたC10形8号機などを運転し、近年では熊本県八代《やつしろ》市の鉄道愛好家が個人で保管していたC11形190号機などを運転している。土日祝日だけでなく平日も運転しており、全国から観光客が訪問している。

1988（昭和63）年には北海道でC62形3号機が、民間有志によって設立された団体「北海道鉄道文化協議会」（以下、鉄文協）によって「C62ニセコ号」として、JR函館本線小樽〜倶知安《くっちゃん》間での運行を開始した。鉄文協は動態復元、検査や列車の運転資金をまかない、ボランティアが車内清掃や車内案内などを行った。

同じく1988（昭和63）年には、埼玉県の私鉄である秩父鉄道の秩父本線熊谷〜三峰口間において、C58

大井川鐵道家山駅に佇むC10形8号機。C10形はこの8号機を除き静態保存もされておらず、貴重な1両である。

形363号機を牽引機にした「SLパレオエクスレス号」の運行が始まった。当初は沿線自治体の首長を代表とした「埼玉県北部地域観光振興財団」が運行し、後年に秩父鉄道による運行となった。この列車は同年に開催された「'88さいたま博覧会」を記念しての運行であったが、やはりSL復活の気運の高まりが背景にあった。14年間もの間、県内の小学校に静態保存されていた車両を修理して復活させており、相当に力の入ったプロジェクトであったことがうかがえる。

1994（平成6）年、茨城・栃木県の第三セクター鉄道、真岡《もおか》鐵道の真岡線下館～茂木《もてぎ》間において、沿線自治体で構成する「真岡線SL運行協議会」所有、真岡鐵道運行による「SLもおか」の運行が始まった。牽引機はC12形66号機である。運行開始は、当時の真岡市長の菊地恒三郎氏の肝いりが大きかった。国鉄から第三セクターに経営移管されたとはいえ経営基盤が盤石でなかった真岡線の存続と沿線地域の振興を目指し、同氏の指示で車両探しが行われた結果、福島県で保存されていたC12形が選定された。1998（平成10）年には新潟県で静態保存されていたC11形325号機も加わり、2機体制となった。

ＳＬ運行は冬季に運休することが多いが、「ＳＬもおか」は菊地市長時代の施策により、冬季を含む通年で運行されている。２０２２（令和４）年に通算利用者数１００万人を達成するほどの盛況ぶりである。

ＪＲ東日本は発足直後の１９８７（昭和62）年10月に「地域密着」をテーマにしてＳＬ動態復元運転へと動き始めた。そして、ＳＬの代名詞的存在とされ、最もポピュラーなＤ51形を走らせることが、地域密着を図るうえで最も効果的であるという当

真岡鐵道の「ＳＬもおか」牽引機のC12形66号機。地元のみならず栃木県全体のシンボルとして走り続ける。

時の社長の判断によって、群馬県内の上越線後閑《ごかん》駅前で静態保存されていたＤ51形４９８号機を牽引機に選定して復元工事を行った。同機は現在も同社管内の各地で走行している。ＪＲ東日本は非常に高いＳＬ人気を背景に、その後もＣ57形１８０号機、Ｃ61形20号機、Ｃ58形２３９号機と動態復元車両を増やしていった。

　昭和50年代のＳＬ運行は国鉄の「ＳＬやまぐち号」と大井川鐵道の「かわね路号」のみであったが、１９８７（昭和62）年の国鉄分割民営化以降、新たに発足したＪＲ各社だけでなく民鉄、民間団体、地方自治体も加わって各地で運行が始まり、隆盛を極めた。

　２０１７（平成29）年には関東圏の大手私鉄である東武鉄道が「ＳＬ大樹」の運行を開始した。ＪＲ北海道からＣ11形２０７号機を借り受けて運行を開始し、２０２０（令和２）年には真岡鐵道からＣ11形３２５号機を譲受した。また滋賀県にかつて存在していた江若《こうじゃく》鉄道で走行していたＣ11形１号機（国鉄製の「Ｃ11形１号機」とは別車両）を復元して、新たにＣ11形１２３号機として運行している。運行にあたっては客車をＪＲ四国から譲受し、ＪＲ西日本の三次《みよし》駅と長門《ながと》市《し》駅構内にあった転車台（ターンテーブル）を移転させるなど、全国から物的資源が集められた。「SL大樹」は大井川鐵道と同様に、平日も運行されていることが特徴である。

8 各地のSL運行のその後の動向

北海道で運行された「C62ニセコ号」は好評で乗車率は高かった（ほぼ満席だったとされる）ものの、バブル崩壊という日本経済の影響で、運行主体たる「鉄文協」への協賛金が不足し、運行継続が厳しくなった。それゆえに1995（平成7）年11月3日をもって運行を終了した。当時の北海道新聞および交通新聞の記事によると、鉄文協のメンバーは再復活の意志を強く持っており、またファンも「宝くじが当たったら全額寄付してでも復活させたい」とコメントするほどで、再復活の願いは相当に強かったようであるが、2024（令和6）年現在、C62形3号機はJR北海道の苗穂工場内にある北海道鉄道技術館で静態保存されていて、営業走行はしていない。鉄文協は運行終了の翌春に解散した。なお、JR北海道は現在、C62

形よりも小型で経済的なC11形171号機によって、「SL冬の湿原号」を釧網《せんもう》本線の釧路《くしろ》〜標茶《しべちゃ》間で運行している。

熊本県の豊肥本線の「SLあそBOY」は長年人気を博したが、車両の老朽化が進み、2005（平成17）年に故障を起こして、運行が終了した。

しかし、運行終了したものの同県人吉市役所の強い要望を受けて、JR九州は再復活を模索した。全国に問い合わせた結果、日立製作所に8620形の製造時の図面が残っていることが判明した。このことが強い追い風となり、2007（平成19）年から北九州市のJR九州・小倉工場で大がかりな修繕が行われた。JR九州の小田政俊氏など、SL修繕に精通したベテラン技術者と若手がチームを組んで、膨大な部品を取り外して点検・交換する難作業が行われた。不具合の際に歪んだ台枠（SLの内部の中心にあり、車両の心臓部と形容される）は交換されることになり、日本車輌製造（名古屋市）が新たな台枠を製造した。またボイラーもサッパボイラ（大阪市）が修繕を行った。

2009（平成21）年4月の「SL人吉」としての再復活までにJR九州が投じた修繕費

北海道の函館本線で運行されていた「C62ニセコ号」。C62形3号機が牽引し、1995（平成7）年まで活躍した。（写真／PIXTA）

京都鉄道博物館検修庫にて修理中のC57形1号機の車体。復活を待ちわびる大勢の人々の期待を胸に、整備担当者は日々奮闘している。

用は約4億円とされる。これほどまでに巨額を投じた同社の英断の背景には、新たに開通が見込まれる九州新幹線（博多～新八代間）から乗り換え利用の需要喚起を図れるという判断があったようである。またほかの側面として、当時の人吉市長の田中信孝氏は、「（同社）専務の唐池恒二氏がSL運転に理解があったことが再復活につながった」としている。

「SL人吉」は沿線地域の人吉市、葦北郡芦北町などの観光資源として強い人気を博した。走行中に沿線からは大勢の人が手を振り、人吉市内の福祉施設近隣の桜並木をくぐり抜けて走る地点は有名撮影スポットになった。人吉駅前は露店やホテル従業員の出迎えで大変な盛況を呈した。

2022（令和4）年11月18日に牽引機の8620形58654号機は製造100周年を迎えたが、その際のセレモニーでJR九州の古宮洋二社長が語ったところによると、「SLあそBOY」時代を含めて、通算で約90万人の利用があったという。

「SLやまぐち号」は予備機の機

日本ナショナルトラストが所有し、大井川鐵道が管理するC12形164号機。現在は休車中。

関東がC58形、C56形、D51形と入れ替わり続けた。本務機のC57形1号機が故障に弱く何度も離脱し、また2013（平成25）年の豪雨災害による山口線の約1年間の不通があり、2022(令和4)年から2機とも離脱していた。しかし多くの困難を乗り越えて、2024(令和6）年5月からSL運行が復活している。ただし、前照灯などが故障して運行を中止することもあり、故障の不安と隣り合わせである。もっとも、JR西日本は「地域に喜ばれて期待されていることが、私たちのやる気につながっている」とのことで、同社の豊富な収蔵資料、工場で保管されている機材などで生き永らえることが期待できる。SL現役時代を知る社員は高齢化しているが、今は30～40歳代の人々に技術を継承しているという。

大井川鐵道は前述のように車両を増備したものの、資金難により一部車両を静態保存化もしくは休車扱いにしている。会社そのものが沿線自治体に支援を要請し、北海道の投資企業が事実上のオーナーになるなど、先行きが懸念される。しかしSL観光運行の先駆けとして全国的に知名度、人気が高い会社であるだけに、全国のファンが何がしかの支援を差し伸べるだろう。実際にC56形135号機の動態復元に際してはクラウドファンディングにより

8400万円以上の支援が集まっている。

真岡鐵道の「SLもおか」は資金難により牽引機関車2機のうちC11形135号機を東武鉄道に売却し、現在は残るC12形66号機の1機体制で運行されている。沿線自治体の協議会による支援体制は良好のうちに維持されているので、今後沿線のほかの観光地や関係者（益子焼の陶芸家など）との連携を深めていくことが課題といえる。

❾ SL動態復元運転の衰退の兆候

このように全国で隆盛を極めたSL動態復元運転であるが、近年衰退の兆しが顕著になっている。元を辿れば民間団体「鉄文協」の資金難による1995（平成7）年の「C62ニセコ号」運行終了がきっかけといえるが、2020年代から全国で運行終了が相次いでいるからだ。

2021（令和3）年に岩手県の「SL銀河」と滋賀県の「SL北びわこ号」が相次いで運

行を終了した。「ＳＬやまぐち号」は２０２０（令和２）年にＣ57形が故障し、２０２２（令和４）年にはＤ51形も故障した。そのうちＤ51形が復活し、Ｃ57形も復帰予定として修繕が進められているものの、相次ぐ機関車の故障は、ＳＬ運行の持続可能性に大きな不安の影を落としたであろう。ＪＲ北海道のＣ11形１７１号機も故障から復帰までに長期間を要した。

そして、新聞などメディアが一斉に報じるほどに世間が大きく揺れたのは、「はじめに」でも書いた、２０２２（令和４）年10月24日の「ＳＬ人吉」５８６５４号機の引退報道である。

沿線住民、関係者からは、引退撤回や三度目の復活を求める声が上がった。２０２３（令和５）年４月の統一地方選挙で行われた人吉市長選挙で、筆者は立候補した３人の事務所に出向き「５８６５４号機の将来についてどのように考えていますか？」という聞き取りの取材をした。「日本のものづくり技術の繁栄を考えると機関車の維持は可能」「ＪＲ九州に働きかけて引退を撤回させたい」などの意見を得た。

その後も、２０２４（令和６）年３月24日の最終運行までの間に、乗車して「再び走ってほしい」という横断幕を掲げた人もいた。運行終了後の同機はＪＲ九州から人吉市に無償譲渡され、人吉駅前に保存展示されることが決まった。解体されずに済んだうえに、1年後になるが風雨を防ぐ屋根付きの建物も建設されるので、車体劣化も最小限に防ぐことができる。相当な年月はかかるだろうが、いかにして再び走ることを実現させるかが課題であると筆者は考える。

「SL銀河」と「SL北びわこ号」の運行終了は、機関車ではなく客車が国鉄時代に製造された12系客車および50系客車を改造したディーゼルカー・キハ143系を使用していたためで、老朽化により維持が難しくなったことが理由である。現在運行されている観光用SL列車の客車の多くが、国鉄時代に製造されたものであり、これも将来的なSL運行の懸念材料ということもできる。現在、JR西日本の「SLやまぐち号」用を除き、SL列車用に客車は新規製造されておらず、SL運行の持続性を考えるにあたっての課題である。

日本国内のおもなSL動態運転列車

列車名	運行団体(過去から現在に至る全ての団体)	牽引機(過去から現在に至る全ての車両)	運行区間	運行開始日	運行終了日	その他
SLかわね路号	大井川鐵道	C11形227号機、C56形44号機、C11形312号機、C12形164号機、C11形190号機、C10形8号機	金谷駅～千頭駅	1976年7月9日	継続中	日本における初めてのSL動態運転
SLやまぐち号	日本国有鉄道・JR西日本	C57形1号機、C58形1号機、C56形160号機、D51形200号機	新山口駅～津和野駅	1979年8月1日	継続中	国鉄路線における初めての国鉄路線SL動態運転
SLしおかぜ号	岩手県宮古市	C10形8号機	宮古駅付近～宮古港出崎埠頭	1987年7月19日	1990年1月3日	運行終了後、牽引機は大井川鐵道に譲渡
SLパレオエクスプレス	秩父鉄道	C58形363号機	熊谷駅～三峰口駅	1988年3月15日	継続中	
C62ニセコ号	北海道鉄道文化協議会・JR北海道	C62形3号機	小樽駅～ニセコ駅	1988年4月29日	1995年11月3日	鉄道文化協議会の資金難により短期間で終了
SLあそBOY	JR九州	8620形58654号機	熊本駅～宮地駅	1988年8月28日	2005年8月28日	
SL人吉号	JR九州	同上	熊本駅～人吉駅	1988年10月9日	2005年8月21日	年に数日程度の運行
SLもおか	真岡鐵道	C11形325号機、C12形66号機	下館駅～茂木駅	1994年3月27日	継続中	
SL北びわこ号	JR西日本	C56形160号機、D51形200号機	米原駅～木ノ本駅	1995年8月19日	2019年11月10日	
SLばんえつ物語	JR東日本	C57形180号機	新津駅～会津若松駅	1999年4月29日	継続中	
SL冬の湿原号	JR北海道	C11形207号機、C11形171号機	釧路駅～標茶駅	2000年1月8日	継続中	
SL人吉	JR九州	8620形58654号機	熊本駅～人吉駅、熊本駅～鳥栖駅	2009年4月25日	2024年3月24日	
SL銀河	JR東日本	C58形239号機	花巻駅～釜石駅	2014年4月12日	2023年6月4日	牽引機は現在も車籍を有しており、イベント運転の可能性あり
SL大樹	東武鉄道	C11形207号機、C11形325号機、(旧民鉄車両)C11形123号機	下今市駅～鬼怒川温泉駅	2017年8月10日	継続中	
SLぐんま みなかみ	JR東日本	D51形498号機、C61形20号機	高崎駅～水上駅	2018年10月6日	継続中	

蒸気機関車にまつわる年表

紀元前後	ヘロンが蒸気原理の機械を開発
1712年	ニューコメンが大気圧機関を開発
1765年	ジェームス・ワットが復水器付き蒸気機関を発明
1769年	キュニョーが蒸気自動車を開発
1803年	トレビシックがレールの上を走る蒸気機関車を開発
1825年頃	ジョージ・スティーブンソンのロコモーション号が運転開始
1829年	コンテスト「レインヒル・トライアル」でロバート・スティーブンソンの「ロケット号」が優勝
江戸時代幕末	アメリカのペリーやロシア帝国が日本に来航し、蒸気機関車の模型を提供
1872(明治5)年	新橋～横浜間に日本初の旅客営業鉄道が開通し、イギリスより輸入の10両のSLが導入される
1893(明治26)年	日本初の国産機関車が製造される
1913(大正2)年	国産の本格量産車両の最初の形式・9600形が製造開始
1936(昭和11)年	1115両が製造された貨物用主流形式のD51形が製造開始
1948(昭和23)年	最後の量産車両・E10形を製造
1959(昭和34)年	日本国有鉄道が「動力近代化」を答申し、蒸気機関車置き換えの方向性を定める
1975(昭和50)年12月14日	北海道・室蘭本線において蒸気機関車による最後の定期旅客列車が運行される
1976(昭和51)年3月	駅構内入れ換え用機関車が引退し、全ての通常運行の蒸気機関車が引退する
1976(昭和51)年7月9日	大井川鐵道が「かわね路号」を運転開始した。観光復活運転の始まりである
1976(昭和51)年9月4日	日本国有鉄道が東海道本線で「京阪100年号」を運行するが、復路で死亡事故が発生して運行打ち切り

1978(昭和53)年1月5日	日本国有鉄道の高木文雄総裁が朝日新聞紙上で蒸気機関車復活構想を発表する
1979(昭和54)年8月1日	国鉄山口線において「SLやまぐち号」が運行開始
1987(昭和62)年7月19日	岩手県宮古市の旧国鉄臨港線で「SLしおかぜ号」運行開始
1988(昭和63)年3月15日	秩父鉄道において「SLパレオエクスプレス」運行開始
1988(昭和63)年4月29日	函館本線において「C62ニセコ号」運行開始
1988(昭和63)年8月28日	JR九州・豊肥本線において「SLあそBOY」運行開始
1990(平成2)年1月3日	「SLしおかぜ号」が運行終了
1994(平成6)年3月27日	真岡鐵道真岡線で「SLもおか」運行開始
1995(平成7)年11月3日	「C62ニセコ号」が運行終了
1999(平成11)年4月29日	JR東日本・磐越西線において「SLばんえつ物語」運行開始
2017(平成29)年8月10日	東武鉄道鬼怒川線で「SL大樹」運行開始
2018(平成30)年10月6日	上越線において「SLぐんま　みなかみ」運行開始
2021(令和3)年5月21日	JR西日本が、北陸本線の「SL北びわこ号」の運行終了を発表(実際には新型コロナ禍の影響で2020年～は運行しておらず、2019年11月10日が最後の運行となった)
2023(令和5)年6月4日	釜石線の「SL銀河」の定期運行終了
2024(令和6)年3月24日	「SL人吉」の定期運行終了(運行区間は熊本駅～博多駅)
2024(令和6)年5月3日	山口線の「SLやまぐち号」が2年ぶりに運行再開

第2章

SL運行がもたらす地域への恩恵

人類の科学遺産であって後世に伝える価値があるうえに、
地域活性化の強力な資源として今後SL運行が
末永く維持されなければならないというのが
筆者の一貫した主張であるが、その展開として、
SL運行がいかに地域活性化をもたらしているのかを、
「SLやまぐち号」「SL人吉」を事例にして詳しく紹介したい。

❶ 地元・山口県民から愛される「SLやまぐち号」

筆者の住む広島県の隣県であることから山口県の在住者、出身者に多く出会うが、皆さんは本当に「SLやまぐち号」が好きである。鉄道ファンである無しに関係ない。「『SLやまぐち号』のことになると話が止まらない」という人もいれば、C57形1号機に関わる雑誌記事を執筆したいという人もいる。JR山口駅構内に事務所を構える一般財団法人山口観光コンベンション協会の田中光敏事務局長は、「SLが来た時に蒸気を味わい、汽笛を聞くと、特別なものを見られた感動を感じる」と語る。「『SLやまぐち号』は瑠璃光寺、ザビエル記念聖堂と並ぶ、山口県央の魅力的な観光コンテンツです」「『SLやまぐち号』を目当てに県外からも観光客が来てくれる」(前出の田中氏)。山口県庁内の「山口線SL運行対策協議会」の山本康幸主任は、「山口市、島根県津和野町を含めてSLへの期待が高い」と語る。「SLやまぐち号」は山口県観光の象徴である。

「SLやまぐち号」については運行開始から45年という長きにわたる歴史を積み上げて全国的知名度を獲得しただけでなく、人類科学遺産として子どもたちに伝えていきたいという山口市小郡文化資料館学芸員の取り組み、「撮り鉄」をはじめとした鉄道ファンを沿線住民がもてなす、など多岐にわたった活動が山口県内や島根県津和野町で行われている。前出の山本氏によると、「住民が一体になっておもてなしをしている」「こちら行政からやりましょうと声をかけるまでもなく、住民自らが盛り上げている」という。では、具体的にはどういう取り組みがなされているだろうか。以下紹介したい。

2 鉄道ファンを露店でもてなし、SLへのお手振りも欠かさない

山口市小郡文化資料館の学芸員の山田千里氏は、地元の子どもたちをミニSL（子どもがまたがって乗るほどの大きさで、実車と同様に蒸気で走るいわゆるライブスチーム）に乗せ

る、ＳＬのペーパークラフトを一緒に作る、静態保存のＳＬ車両に触れてもらう、などの取り組みをしている。小学校の４年生の地域学習のプログラムでもＳＬ学習を取り入れている。「新幹線やリニアモーターカーなどの高い技術を持つ日本の鉄道の原点にはＳＬがあるということを伝えたい」という熱い思いだ。「重い重量のＳＬを支える転車台や橋といった構造物のことも学んでいってほしい」とも語る。

山口線の山口と島根県境のトンネルを抜けた先、島根県側にある津和野町白井地区は、地域住民が大勢集まって走行するＳＬ列車に手を振る活動が行われている。同地区は「撮り鉄」と呼ばれる鉄道ファンが大勢訪れるスポットとして知られ、住民の皆さんは20年ほど前に「ＳＬ応援団」を結成して、撮り鉄を露店でもてなすなどの活動をしている。こうした活動を続けることで撮り鉄と良好な関係を築き上げており、山口線沿線の撮り鉄のマナーが良くなっ

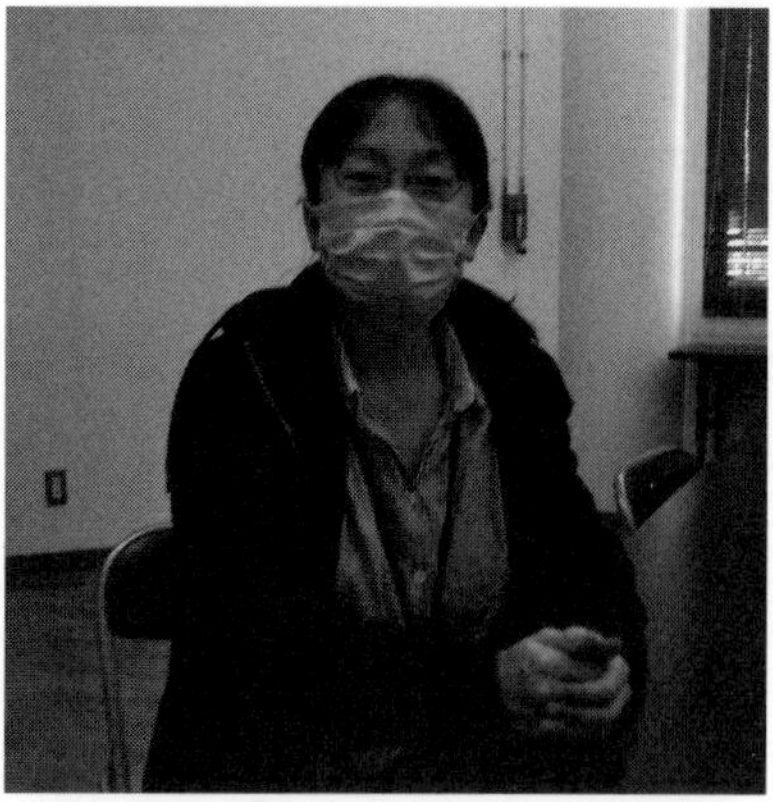
山口市小郡文化資料館の学芸員の山田千里氏。

た要因になっている。団長の板垣氏はC57形1号機と同じ1937（昭和12）年生まれであるが、「年を取っても続けたい」と精力的だ。SLに手を振って乗客も手を振り返すと、何事にも代え難い嬉しさを感じるという。露店で提供する食事の仕込みを前日から行うなど労力がかかるが、「お金に代えられないほどの喜びを感じる」と語る。芝桜を植えて車窓の風景を美しくするという息の長い取り組みも行っている。2013（平成25）年の豪雨災害で走行路線の山口線は不通になった

右から山口市阿東徳佐で「阿東つばめ農園」を経営する安渓遊地さん、曹洞宗・泉福寺の僧侶で「船平山鉄道親交会」会長の佐藤智道さん、遊地さんのご子息の安渓大彗さん。

が、「SL応援団」の協力もあって1年程度で復旧した。

「SLやまぐち号」を盛り上げる活動は、「SL応援団」に留まらない。山口市阿東徳佐で「阿東つばめ農園」を経営する安渓遊地さんとご子息の大慧さんもSL見学客をもてなす諸活動をされている。昔と比べて寂れた徳佐エリアを再生するべく奮闘されていて、その文脈の中に「SLやまぐち号」も位置付けている。

お二人の紹介でお会いした曹洞宗・泉福寺の僧侶で「船平山鉄道親交会」会長の佐藤智道さんは、落語家を招いた行事を行う、SLカレンダーを製作するなどやはり精力的だ。元々は「SLやまぐち号」がJR路線での復活運行の第1号であることをPRするべく親交会を設立した。SL見学客向けにお菓子を販売したいそうだが、なかなか上手くいかないそうで、何がしか支援の手が差し伸べられないだろうか……。

佐藤さんの紹介でお会いした動画クリエーターの山口晋さんは、SLの写真を数多く撮影し、ドローンを飛ばして空中からも撮影している。「SLは匂いと音など五感で楽しむワクワク感がある」と力説する。

❸ 沿線の観光業に響いた肥薩線の運休と「SL人吉」の運行終了

ＪＲ九州が走らせていたＳＬ列車は、前述の通り牽引機の８６２０形５８６５４号機の故障により２００５（平成17）年に運行を休止した。その後、地元の強い執念が実ってＪＲ鹿児島本線の熊本とＪＲ肥薩線の人吉を結ぶ「ＳＬ人吉」として２００９（平成21）年に運行が復活した。ところが、２０２０（令和２）年に豪雨災害による肥薩線の不通という不可抗力で再び走ることができなくなり、同じ列車名で翌年から鹿児島本線熊本〜鳥栖間で運行を再開したものの、肥薩線での運転再開は叶わず２０２４（令和６）年に運行を終了した。それでも現在、人吉市民を中心に数多くの人が再度の復活を願っているのは、それだけ地域にもたらした影響が大きかった証である。

人吉市内にある国宝の青井阿蘇神社の近くの土産物店「人吉温泉物産館」を経営する田中

裕二氏は、「『SL人吉』に乗る人だけでなく、見に来る人もいて人吉は賑わった」と語る。人吉のほかの観光コンテンツといえば球磨川の川下りであるが、氏は「『SL人吉』があるからこそ川下りも賑わった」という。それだけに「SL人吉」運行終了について、「お上に逆らわない日本人の昔からの体質ゆえに、運行終了を残念がるだけでアクションを起こさない」と疑問を投げかける。「SLが復活することで人が動き、観光を含めた経済が活発になる」と訴える。

人吉市の青井阿蘇神社。国宝に指定されている。

2008（平成20）年から15（平成27）年まで人吉市長を務めた田中信孝氏（裕二氏の実兄）は、JR九州に「SL人吉」の運行を働きかけたその旗振り役だ。「SL人吉」の運行開始後、SLの利用客はそのまま宮崎・鹿児島方面へ向かう人が多かったため、現地で宿泊する人は多くなく旅館業にはそれほど利得はなかったが、観光業全体では大きな恩恵を受けたという。肥薩線が豪雨災害で被災したうえに「SL人吉」も運行終了したことを「地元にとってダブルパンチだった」と語る。裕二氏も「SL人吉」復活を切に願っており、「政治家が動いてほしい」と訴える。

4 沿線の観光業界との連携を目指す

真岡鐵道の「SLもおか」を支援する「真岡線SL運行協議会」は、沿線の伝統的工芸品の益子焼の窯元や自然を楽しむツアーを主催する旅行会社、道の駅などと連携すべく動いている。大井川鐵道も川根温泉などと連携している。大井川鐵道は車窓に広がる大井川の景色が非常に美しく、多くの人を惹き付けるだろう。

　前出の山口観光コンベンション協会の田中光敏氏は、「長門峡地区の賑わいを、道の駅周辺だけでなくもっと広いエリアに広げていきたい」「船平山周辺のパッチワークのような田園風景を広く発信したい」と意気込む。このようにＳＬ運行は地域を盛り上げ、ほかの観光資源との連携を目指している。

　それでは、ＳＬ運行を維持するにあたって、何が課題なのか。以降の章でそのことを検討したい。

大井川鐵道本線の車窓。沿線を流れる大井川の風景が美しい。

第3章

機関士と機関助士の養成・訓練および、部品調達、技術者確保の問題

SL運行を継続するにあたり、
運転する機関士・機関助士の養成や訓練は必要不可欠。
しかしこの教育には時間を要し、なり手も少ない。
さらに年々不足していく部品の調達や、技術者の人材不足は
深刻な問題となっている。SLの運行継続のためにも
これらの課題と解決策について考えていく。

❶ 複数の資格と養成期間が必要な機関士・機関助士という仕事

ＳＬ運行には機関士、機関助士、車掌、客室乗務員、運行区間の駅員など数多くの人が関与している。また、列車に乗っていると、沿線道路に運行鉄道会社の社用車を見かけることがあるが、沿線環境のために何がしかの用件をこなしている場合がある。これらの職種のうち、「ＳＬ運行の仕事」といって真っ先にイメージされるであろう、機関士と機関助士について考えていきたい。

ＳＬの機関士と機関助士に就くのは並大抵のことではない。これまでに取材して聞き取った情報では、鉄道会社に就職した後に駅員などの職務を経験し、必要な国家資格を取得している。その資格は動力操縦者免許のうちの甲種蒸気機関車運転免許である。さらにはボイラー技士の資格も要する（機関士の場合は一級、機関助士の場合は二級）。

資格を取ったら即乗務できるわけではなく、長期間の実務研修が必要である。電化路線を走る電車の運転業務も当然難しい仕事であるが、多くの運転設備が自動化されていてコンピューターで制御されている。だがＳＬは原始的な構造であり、操作が複雑なうえ機器が非常に多い。鉄道図鑑などに掲載されているＳＬの運転室の説明ページを見ると、20以上の操作器具が名称付きで紹介されている。

電車の運転は通常一人で担当しているが、ＳＬの場合は少なくとも機関士１人、機関助士２人を必要とする。主に運転を司る機関士の作業の隣で１人の機関助士が炭水車からスコップで石炭をすくって火室に投入している。筆者は恥ずかしながら、そして申し訳ないことにこの投

投炭作業を行う機関助士。走行する路線の条件に合わせて石炭を投入する頻度や量を調節している。（写真／PIXTA）

炭作業を、延々と続く単調な流れ作業だと思っていたが、実際は違っていた。走行区間の特徴（上り坂であるか下り坂であるか、など）で投入する頻度や量を調節しなければならないそうである（人吉鉄道観光案内人会で元国鉄機関士の岡本勝男氏が説明してくれた）。過度に石炭を投入するとボイラーの圧力が上がって安全装置が働いて緊急停車するし、投入量が少なければ圧力が弱くなって自然停車する。そしてもう1人の機関助士は、運転室の窓際で前方確認をするが、運転室の目の前に前面展望が開ける電車やディーゼルカーと違って、SLの場合は前方に巨大なボイラーがあり、その脇から前方をじっくり見なければならない。

また、SL自体が「鉄でできた生き物」といわれるように、非常にデリケートである。天候などによって車体の調子が日々大きく変化するうえに、後方の客車に乗車する乗客の人数によって牽引する重量が変わることによっても、運転の調子が変わる。それでもSLは予約して乗車する乗客のために予定通り運転しなければならず、運休は当然のことながら遅延も大きなトラブルになる。機関士と機関助士の抱える責任の重さは察するに余りある。

また、運転室の環境は非常に厳しい。火室があるなどの関係で運転室内は非常に暑く、夏場には60度になるという。運転室の扉や窓をアクリルなどで閉ざしてクーラーを設置することは不可能で、加えて近年は地球温暖化でますます気温が上がっており、暑い環境が一層過酷になっているそうである。

機関士と機関助士はそれぞれが自分の仕事をすればいいわけでは決してなく、運転状況に応じて綿密なコミュニケーションを取る連携プレーとなる。事故などの緊急時対応も必要である。前述した岩波映画製作、1963（昭和38）年公開の「ある機関助士」では、機関士（俳優でなく実際の機関士が出演）が何度も大声を上げて機関助士（やはり実際の機

運転室で作業を行う機関士、機関助士。蒸気機関車は2人体制で運転を行う。（写真／PIXTA）

関助士）に指示をしている。また、声によるコミュニケーションだけでなく動作で感じ取ることも必要とされており、「五感」が必要な連携プレーだといえる。

「鉄でできた生き物」たるSLの「気まぐれ」な調子の移り変わりを日々メンテナンスし、運転乗務中は緻密な連携プレーを要する機関士および機関助士の技は非常に熟練されたものである。指導育成にあたっては時に厳しく当たることも多々あるのだろうが、「パワハラと訴えられる」ことを過剰に恐れて新人教育に慎重になりがちな事業所の多い昨今の風潮の中、離職をなるべく防ぎつつも仕事をしっかり伝えていくことは非常に大変であると察する。

❷「高度な専門職」としての機関士・機関助士の仕事

では、機関士や機関助士の人員が安定しているかというと、そうでもない。真岡鐵道によると、「機関助士は人数が多いが、多くの免許取得が必要な機関士への就任にあたっては先輩機関士がマンツーマンで指導をしないといけなくなるので大変です」という。大井川鐵道は現在、機関士11人、機関助士4人であるが、「もっと増えてほしい」という。

機関士および機関助士の人材確保、指導だけでなく、車両の交換部品の確保、車両整備を担う技術者の人材確保も、SL運行の大きな課題である。

昨今の日本では楽な仕事をして高報酬を得たいという風潮が広がっている印象があるが、そうした中で厳しい訓練を経て熟練した技を得ることが必要な機関士・機関助士の候補生を採用し、養成していく体制が十分に整うのか、気がかりだ。

「楽な仕事をしたい」風潮があったとしても、一方で「高度な専門職への憧れ、人気」は続いている。SL機関士・機関助士もそれらと同様に、「高度な専門職」として世の中の子ども、若者が憧れる職業へと押し上げられないだろうか。

機関士・機関助士の当事者が自身の仕事の大変さと、それによって得られる喜びを語るネット記事は近年増えてきたように思うが、もっと紙媒体の新聞やTV、小説などで取り上げられて広まってほしいと願うばかりである。飲食店の従事者の苦労（野菜や肉などの食材の質の変化とそれに伴う調理方法の変更、新たなメニューの考案、訪問客の評判など）は多数の小説や映画、そして従事者本人による発信の結果、世の中に広く知られていているが、機関士・機関助士の様々な体験ももっと有名になってほしいものである。

世の中には悲しいことにコンビニエンスストア店員の仕事を「簡単だ」と思っている人が一定数いるが、筆者が知る限りでは常にチームプレーや臨機応変な対応が求められる仕事である。常に売り場の様子に目配りしなければならない（品出し作業中もレジに利用客が複数並ばないかどうか観察する、など）うえに、限られた勤務時間の中で同時並行の作業の優先順位を即座に考える必要がある。合間に電話が鳴ったら応対しなければならないし、ゴミ箱が満杯になれば回収する。しかしコンビニ店員の大変さを発信するメディア報道は皆無に近く、逆にインターネット上では「簡単です」という情報が流布している。

SL機関士や機関助士はもちろんコンビニ店員のように「簡単」と見られているわけではないが、あまり仕事の内容を世に発信しないままだと、「暑くてきつい」というイメージが流布し、応募者減少による人手不足に陥る危険性がある。熟練を重ねた末に充実した体験が得られる職業であると、継続的に発信されたいものである。

❸ 保存車両などとの部品交換だけでは限界がくる

次に、部品調達の課題について検討したい。

JR九州は「SL人吉」運行終了の理由として「交換部品の調達難、技術者の人手不足」を挙げたが、実際にはどういうことなのだろうか。SLの運行を維持のためのメンテナンス、修繕には、車体を構成する部品の交換が欠かせない。SLは、電子精密機械のなかった時代に造られた原始的な「機械」であるというイメージを抱かれるかもしれないが、その実は違う。車体を構成する部品は数千個にも及ぶ。その全てが次第に磨耗していくので必ず交換時期が来る。大井川鐵道の新金谷車両区副区長の松本幸一氏によると、「部品は消耗品の固まりである」とのことである。例えるならば、靴底が履いて歩くうちに必ずすり減ることと同じである。

「ＳＬ人吉」の８６２０形５８６５４号機は、「ＳＬの心臓部」とされる台枠やボイラーを新たに製造したものに交換したがゆえに、（古い遺産とされていても実際の構成物質は変化しているからレプリカだ、という意味合いで）「テセウスの船である」とよくいわれているが、「台枠を含む全ての部品はいずれ交換時期が来る」（松本氏）とのことである。では実際に台枠が老朽化するとどうすればいいのかとなるが、現時点では未知数の要素が多く、その時の状況に応じて考えざるをえない。

　部品調達と聞くと、運行中のＳＬ車両と同一形式の静態保存車両の部品と交換すること、と

大井川鐵道の「ＳＬかわね路号」が出発を待つ新金谷駅。

イメージしている人は多いだろう。1994(平成6)年の阪神・淡路大震災が起きた時に神戸・鷹取工場で修繕中だったC57形1号機の車体が破損した後に、姫路市で静態保存のC57形5号機の部品と交換したことは、鉄道ファンの間ではよく知られている。

だが、SLを今後末永く走らせるとなると、どうなるか。全国の静態保存車両は数に限りがあるので、交換を繰り返していくと、そのうちに交換可能な部品のある車両が尽き果てる事態になる。そもそも、部品を交換されたほうの静態車両の外観が損なわれるので、その車両に日々親しんでいる周辺住民など多くの人が気の毒である。

4 交換部品の調達にも影響する技術者不足

実際のところ、近年では鉄道会社のSL修繕においては、部品をメーカーに発注して新造することが主流になっているという。だが問題は製造にかかる期間の長さと、費用(鉄道会社がメーカーに支払う代金）である。ＳＬが現代日本において製造されておらず、部品の流通はとうの昔に終わっているので致し方ないことである。自動車や家電製品の場合、製造中止から何年か経った機器の修繕を依頼すると、販売店やメーカーは「部品がありませんので無理です」と断ってくる。通常でもそういう話になるのであるから、ＳＬの部品の特注による製造は、本来的に大変に苦労のかかることである。

しかしながら、サッパボイラ（大阪市）、日本車輌製造（名古屋市）などのＳＬの部品の製造を請け負うメーカーは日々その難題に取り組んでいる。それも「嫌々」しているのではなくて、強い情熱と信念を持って取り組んでいる。C57形1号機、C58形363号機、8620形58654号機など幾多の車両の修繕を担ってきた国内屈指のボイラーメーカーのサッパボイラの専務取締役・田中俊彦氏は、「私たちが頑張って修理した機関車が牽く列車に乗ったら、沿線の大勢の人が手を振ってくれるから、嬉しくて仕方ないです」と熱く語る。「ボイラー修繕は誰かがやらないといけない。商売ではなく社会のためにやっていくという気持ちが大事だ」と語る氏は、「文化としてＳＬを残していくという強い意志が必要」とも語った。

それでは、現在立ちはだかっている問題は何なのだろうか。それは第一に、部品の整備を担う技術者の人手不足である。田中氏は『5K』という言葉が当てはまる劣悪な環境であり、退職する人が多い」という。そしてそもそも志望する人が少ないようである。真岡鐵道のSL担当区長の内木克彦氏も「弊社の機関士と機関助士は応募が多いが、技術者の応募がどうも少なくて心配だ」と語る。

SLの車体は何千もの部品で構成されており、その一つ一つが重く、繊細で壊れやすいので修繕は難作業であり、非常に高度な技術が必要である。それも、手で触って感触を確かめる必要があるので、決して機械やAIが担える作業ではない（医者代わりの機械やAIが現れるとは考え難いが、同じことである）。

機関士や機関助士、車掌など実際にSLを運行する戦力、人間の体に例えると口や腕が元気であっても、内部でそれらを操作する肺や心臓が機能不全になると、命が危うい。技術者の人手確保は急ぐべき課題である。前出の山口市小郡文化資料館の山田千里氏も、「部品を製造するなど、SL運行の維持を担う技術を持った人々のことを見てほしい。そういう人が居てこそのＳＬ運行です」と強調する。

❺ 技術者の仕事を「ＳＬの仕事」としてＰＲする

技術者の人手不足を解消するためには何が必要か。まずは「ＳＬの仕事」として世に広めていくことだ。運行各社のＰＲが必要であるが、マスコミも技術者のインタビューなどで広く発信してほしい（先に主張した機関士・機関助士の体験談の発信と同様である）。そして離職対策としては、自身の仕事の社会的価値が高まり、誇りを持って働けるような状態を作ることではないだろうか。機関士・機関助士と同様に「高度な専門職」として扱われるだけでなく、「運行地域の活性化、ＳＬという人類科学遺産の継承に従事している」という意義を付与することだ。

多くの人に身近な職種を引き合いに出すと、スーパーマーケットなどの食品小売業、ファミリーレストランや居酒屋などの飲食業は肉体労働で頭脳労働であるにもかかわらず、概して賃金が低い（筆者はショッピングモールなどでしばしば多くの事業所の求人広告を眺めるが、都道府県最低賃金に近い金額の給与体系の事業所が非常に多い）。「何で低い賃金で重労働をしないといけないのか？」と悩み、退職する人が多いのが現実である。だが、「地域名産の美味しい料理を提供している」「お客さんの笑顔のために働いている」「災害時の物資提供を担うエッセンシャルワーカーだ」といった「社会的価値」を抱くと、従業員は生き生きと働くようになる。実際、広島県屈指の有名ラーメン店や海岸眺望の美しさで人気のレストランは、店員の接客態度が良い。また、経営状態は決して良好ではなくても、「地域社会、住民のために」と意義付けられている第三セクター鉄道の従業員も、親切な人が多いように思う。

ただし、そうすることで従業員の状態が良くなっても、いずれ精神的な限界が来て、離職につながる。それを避けるためには、給与体を上げることが必要であろう。しかしそれを鉄道会社、鉄道車両の部品の製造を請け負うメーカー各社に求めることは酷である。地方民鉄、第三セクター鉄道は今現在も経営状態が良くなく、大手のＪＲ各社も今後の人口減少、テレワークの普及で経営状態が先細りすることが懸念されている。長引く日本の経済不況、新興国の経済成長により、鉄道車両の部品の製造メーカー各社も将来が安泰とは断言できない。

ではどうするかというと、SL運行の社会的意義が日本社会で広く共有されることによって地方自治体、強いては政府省庁の補助金などが拡充すること、また、民間有志の協賛団体が多くなること、などがカギとなると考える（このことについては、後の章で論じたい）。

大井川鐵道の松本幸一氏によると、車両区には大変に優秀で仕事熱心な若手社員が在籍していて、彼のおかげで大いに助かっているという。「逸材」が居ることが重要であることを如実に示しているが、たまたまそういう人材に恵まれたという可能性もある。入社する人材の「当たり外れ」を恐れる事なく、持続的に安定して逸材を育成できる高校、大学、専門学校の教育体制が必要である。

現代日本においては、大学共通テストでいかに高得点を取り、国公立大学や「早慶」「MARCH」「関関同立」などの高偏差値大学にどれだけ多くの生徒を合格させるかを使命とする普通科高等学校が非常に多い（それを望む保護者が非常に多いことも確かである）。社会一般においても、そうした大学でどういう研究がなされてどれだけ多くの研究論文が世界に発信されているか、どのくらいのランクの大学なのか、ということを非常に注視している。

しかし、大学共通テストの教科科目を基盤とする大学の学術研究が世の事象の全てを司り、社会を良くするだろうか。もちろん多大な貢献をしていることは確かであるが、社会貢献の全てをカバーしているわけではない。もっと多様な分野が興隆し、発展していくことが日本の文化繁栄、地域活性化、強いては国力増強につながるはずである。それゆえに、工業系などの科目を多く学ばせる実業系高校の拡充と、それを選ばせたくなる社会の意識改革が必要不可欠である。

その一方で、現在の大学での学術研究の中にＳＬ運行の技術継承を組み入れることも検討する必要がある。もしかしたらＳＬ運行の技術継承は、大学院でも学び続けるほどに長期間の研鑽が必要かもしれない。ＳＬ運行の技術継承を専攻する学部を設けることも一案である。少子化の時代にあって全国の大学は学生確保に苦労しているが、斬新な分野の学部を設立することは学校存続のためにもなる。話が変わるようで恐縮だが、恐竜史の蓄積が深い福井県立大学では、2025（令和7）年4月に恐竜学部が設立予定である。炭鉱文化が盛んであった北海道や福岡県、鉄道車両製造の歴史が蓄積されている山口県の大学に、「SL学部」を新設するのはどうだろうか。

⑥ SL修繕用の部品調達と運行コストの課題

技術の継承だけでなく部品の製造についても、難題が多い。SLを修繕する際には車両の詳細図面が不可欠だが、幸いなことに残っている（8620形のものが存在することは前述したが、サッパボイラやJR西日本によるとC57形など他形式のものもあるという）。JR西日本によると、図面はデータベースで保管しているという。

実際の部品本体となると、様々な課題があることが現実である。まず、車両が製造された大正、昭和初期には流通していたが現在は流通していない、あるいは再現しようとしても環境保全の見地から使用不可になっている素材がある。以前に大々的に報道された石綿（アスベスト）がその例である（ただ石綿を使わないことは現代の技術では可能である）。また、現在の鉄は添加剤を含ませてあるため、ＳＬ製造当時のものとは微妙に異なるという。

製造方法が変わったものもある。例えばボイラーは、以前はリベット継手で製造したものの現在は不可能になり、溶接で製造しているという。

そして、材質や製造方法の変更は致し方ないが、最大限に過去の部品を再現する技術が欠かせない。先ほどの教育体制の話に戻るが、この技術を習得するためには理学系の化学分野、工学系の建築、電気電子分野などの応用が必要となってくることは明らかだ。大学と鉄道会社、部品メーカーとの産学連携が盛んになることを願っている。

またサッパボイラや真岡鐵道の関係者によると、鋳型の新造は非常に大変であるとの由である。高度な技術だけでなく長期にわたる製造期間と、高額な出費を必要とする。大量生産はできない。真岡鐵道で過去に在籍したC11形325号機の場合、大井川鐵道の同形式（227号機）と同時期に同一の部品を製造することで、出費を抑えたという。

部品のほかに、SLを走らせるための水と石炭の安定供給も欠かせない。大井川鐵道では石炭を細かくして油で固めて均質にして、排出する煙を少なくする作業を要する。またSL運行において、水は石炭以上に多く消費する。東武鉄道の「SL大樹」を社員インタビューで紹介したネット記事によると、同列車の1往復24・8キロメートルにおける消費量は石炭0・5トンに対し水は3トンであるという。

また、大井川鐵道によると、井戸水を軟水処理してカルシウムなどの不純物を取り除く作業が必要との由である。この作業においても人手と時間、特殊な設備を要することになる。

蒸気機関車の動輪を動かす主連棒などの部品。（写真／PIXTA）

なお、新造部品の費用について先述したが、それに加えて課題となっているのは、世界的な物価高である。例えば原油価格の高騰によってティッシュペーパーの価格が上昇した。飲食店の価格も右肩上がりに上昇している。ビジネスホテルの料金も4000円台はすっかり稀になり、もはや最低7000円程度がほとんどになった。これは人件費の上昇だけでなくリネンや清掃時の洗剤など各種物品の高騰が関わっているのだろう。SL運行においても整備に要する部品や動力源の水、石炭だけでなく、今筆者が考えるだけでも客席清掃の用具、きっぷの用紙など、物価高の影響を受けるものはあまたある。それにもかかわらず、運賃、指定席料金などは、法令改正による消費税改定時を除くと原則そのまま据え置かれる。その据え置きが、様々なことに影響をもたらし、SL運行にしわ寄せが来ないか気がかりだ。

これまでに論じた各課題から浮かび上がってくるのは、いずれやって来る台枠の交換など部品調達の対策に未知数な部分が多いことと、部品の新造技術に学術機関からの支援が薄いこと、整備担当の技術者の社会的認知度が低いことである。これは総じていうと、古城や神社仏閣などの文化財の維持管理のような盤石な体制が築かれていないことに尽きると考えられる。

　１０００年以上の歴史を辿ってきた文化財に比べて、復元運転のＳＬの歴史はまだ半世紀程度であるので致し方ないだろう。だができるだけ早いうちに維持管理の方法を確立させなければ、次々と資金難や人材難が発生する。ＳＬの維持管理が社会的に重要な文化事業であることを明確にして、社会全体でその対策が考えられていき、理工学分野からの支援を手厚くする必要がある。

　高度経済成長期以降の日本では、学歴のある人の評価が高く、高卒で就職して技術を高めてきても大卒でないというだけで専門職の仕事を低く評価する風潮が拭えない。文化財の修繕を担う人々が、匠の技を持つ職人として社会的に重きを置かれていることと同様に、ＳＬの維持管理を担う人たちの社会的地位を上げることも重要である。

第4章

蒸気機関車の恒久的な運行に向けての課題

SL運行は「鉄道ファンの専門分野」、
つまりは「ただの遊び事」と捉えられる向きがある。
しかし、地域の活性化を推進する観光資源であり、
人類科学遺産であるという見方に世間の目を向ける必要がある。
それにはどのような課題があるのかを見ていこう。

❶ 蒸気機関車に対する人々の価値観と見方

第3章までで指摘したＳＬの末永い運行に向けた課題は、以下のようにまとめることができる。

- 地域活性化の資源、人類科学遺産であるという視点の広まり
- 修繕の技術者など、幅広い運行従事者の人材確保とノウハウ継承
- 給与体系の改善など、従事者の待遇向上と、そのための資金確保
- 部品の安定供給に向けた理学・工学分野からの支援

現在の日本におけるＳＬ運行は、その価値を深く知る運行路線の沿線住民など一部の人を除いて、専ら「鉄道ファンの専門分野」とされている。そして地域活性化の資源であり人類科学遺産の継承という教育事業であるという文脈で捉えている人は、希少である。

ＳＬ運行が単なるレジャー、娯楽であり、鉄道ファンの趣味対象に過ぎないという狭い視点では、いずれ運行は行き詰まる。前出のサッパボイラの田中俊彦氏は、「ＳＬ運行が単に娯楽としか捉えられていない現状では、鉄道会社の社長の経営判断次第で『不要だ』と運行が打ち切られる危険性がある」と危惧する。この意見に筆者も同意する。

これまで関係者に取材したり資料を調べたりした限りの情報では、鉄道会社の歴代トップなど経営幹部は人それぞれ、「ＳＬ運行」に対する認識を大きく異にしている。ＳＬ運行に熱心な幹部に恵まれると幸運であるが、幹部はどうしても年数が経てば代替わりする。そのうちにＳＬ運行に消極的な幹部が就任するとあっさり打ち切られる。いくら沿線自治体や住民、ファンが運行維持を望んでも変わらない。鉄道会社の多くは民間企業で、行政機関のように住民の声に拘束される必要はないからである。そして機関車は静態保存化されてそのうちに車体は劣化し、技術継承は途絶え、再復活の道は険しくなる（元・「ＳＬ人吉」の８６２０形５８６５４号機は人吉駅前で保存・展示されることになったが、防雨用の屋根が建てられるまでの１年間に風雨で劣化することや、部品が盗難されることを懸念する声が上がっている）。

ただ、致し方ない面もある。ＳＬ運行は巨額の資金と多くの人手を必要としており、慢性的に経営状態が良好でない各地の鉄道会社にとっては重荷であるからだ。人吉温泉物産館の田中裕二氏も「現状、ＳＬ運行は鉄道会社任せだ」と語り、「ただ遊ぶ対象としてではなく、学ぶ対象としても捉えてほしい」と訴える。

❷ ＳＬ運行は地域活性化の資源であり「社会貢献運動」につながる

「はじめに」でも詳述したが、ＳＬ運行を「ただの遊び事」ではなく「社会的に意義のあること」と捉えられるようにし、運行継続のための活動も、「鉄道ファンの趣味活動」ではなく明確な「社会貢献運動」と受け止められるようにする必要がある。ではそのためにはどうすればいいだろうか。

「はじめに」で筆者は、自分の選挙活動経験を踏まえて「ファッション性を付与されている社会活動と付与されていない社会活動がある」と主張したが、これは学術用語における「ハイカルチャー」と「サブカルチャー」という区分けと類似する。「ハイカルチャー」は「上位文化」、「サブカルチャー」は「下位文化」とも訳されており、明確に上下の区別がなされている（何をもって「上だ下だ」と、あからさまな優劣の判断がなされるのか、この分野に詳しくない筆者はよく理解できないが）。

「ファッション性を付与されている社会活動と付与されていない社会活動がある」という主張は「社会貢献活動」について論じたものであり、「文化」における「ハイカルチャー・サブカルチャー」論と同一の事項ではないが、しかし世の中の事象を「大事なこと、大事でないこと」に区別する論理、発想は共通しているのではないだろうか。この論理、発想は世の人々に普遍的に浸透しているように思える。例えば、地域活性化のためにプロサッカーチームの創設を公約として主張する地方自治選挙候補者に対して「サッカーの話をしている場合か」と批判する人はいた。また、20年ほど前にとある地方鉄道会社の社長を務めた人は、観光事業の普及による鉄道再生を唱えると「観光という遊び事を持ち出すとは何事だ」と大勢の行政関係者に詰め寄られて反論されたという。

だが、SL運行は、繰り返して恐縮だが、地域活性化の資源であると共に人類科学遺産の継承という教育事業である。今の日本では「地方都市、山村漁村の地域活性化」は重要な社会課題とされており、地方自治体の首長・議員選挙における定番の公約事項である。内閣府特命担当大臣にも地方創生担当がいる。この分野は学術研究者が非常に多く、論文も多数発表されている。その中で「商店街の衰退を防ぎ、再生を図る」事項を扱った論文も多く発表されている。商店街の再生という文脈においては、食料品店や医療施設のみならず各種遊戯・娯楽施設も守るべき、とされている。であるならば、SL運行が「地域活性化」の分野から排除される理由は無い。

③ SLの社会的な価値を明確化したうえで、沿線地域にもたらされる効果を明確化する

それでは、SL運行に対する世の中の受け取られ方を「単なる娯楽」から「明確な社会貢献事業」へ変えるためには、どうすればいいだろうか。そのための方策は大きく以下の二つの方向での検証が必要であると考える。

まずは第一に、SL運行が「人類科学遺産の継承」という教育的価値を持つことを明白化することである。SLがどういう意味で人類科学遺産であり、今の日本で運行することによってどういう教育的価値が生まれるのかを明らかにするのである。そのためには、それらを詳細に研究した学術論文、書籍が必要と考える。SL運行の歴史的価値、教育的価値については、第一章で触れたように昭和50年代に国鉄の高木総裁が言及したが、氏がどういう理由でそのことを考えるに至ったのかは不明である。また、SL運行が歴史的価値や教育的価値で捉えられることはここ10年ほどで急激に増えたように思うが、何が理由で増えたのか明らかでない上に、それらの価値を詳細に論じた学術論文もネット記事も目にしない。誰かが論文を書き、ネット記事で詳細に論じて発信すれば、大きく節目は変わる。

第二に、SL運行が沿線地域にもたらす地域活性化への貢献、経済効果についても明白化する必要がある。経済効果については、現状はほとんど検証されていない。検証されたのは、東武鉄道の「SL大樹」が運行開始から2年間で約70億円の効果があったこと、他方で大井川鐵道が台風災害で部分不通となったことにより沿線の川根本町に12億円の損失があったこと、などわずかな例に過ぎない。経済効果というものは人間の幸福度を示す指標の全てではないが、その金額が大きければ大きいほど、一般的に社会貢献の度合いが強いと受け取られる。「SL運行には経済効果がある」とぼんやりと論じるのではなく、具体的な数値を示す必要がある。そしてそれは当然のことながら、乗車した人からの運賃収入や関連グッズの売上げだけでなく、列車の撮影などで自家用車で訪問した人たちが、駅などでグッズを購入したり、沿線の飲食店や宿泊施設を利用したりする恩恵なども加味する必要があるのではないだろうか。

2017（平成29）年の運行開始から２年間で約70億円の経済効果があった「SL大樹」。

column

代替燃料の取り組み

ＳＬの末永い運行における課題といえば、近年話題にあがる「ＳＤＧｓ」の問題もその一つといえるだろう。ＳＬの運行にあたって「石炭を使って煙を排出することは環境に良くない」「ＳＤＧｓの時代に逆行する」という批判もある。前出の「山口線ＳＬ運行対策協議会」の山本氏は「ＳＤＧｓの観点からの批判が大きくならない限りはＳＬを恒久運行させたい」と語っていたが、つまりはやはりこの観点からの批判を恐れているということになる。

ＳＤＧｓの潮流はもはや避けられないし、温室効果ガスの削減は環境保全の見地から当然推進しなければならない。

ＪＲ東日本は２０２０（令和2）年、ＪＲ西日本は翌21（令和3）年に、いずれも「２０５０年までに自社のＣＯ２排出量を実質ゼロにする」と発表している。それから数年が経っているが、

2社とも「将来的にSL運行を打ち切りにする」とは表明していない。では、SL運行のCO_2排出量は、「実質」という文面から推測される、「少しは排出します」という範囲なのだろうか、どうだろうか。

SL運行によるCO_2排出量は、上記2社については不明であるが、東武鉄道のホームページによると、2019（令和元）年度の1年間に石炭を300トン使用し、699トンのCO_2を排出したという（石炭は東武鉄道の他部門ではほぼ使用されないだろうから、これは同社の「SL大樹」の排出量に相当するだろう）。

CO_2の1トンというのは人間（日本人）1人あたりの排出量の半分であり、またスギの木の71本分の吸収量であるという。つまり、東武鉄道の1年間のSL運行によって排出されたCO_2を吸収するためには、スギの木が5万本弱必要だということになる。JR東日本の各SL車両やJR西日本の「SLやまぐち号」の排出量は、ほぼ毎日運行している東武鉄道の「SL大樹」ほどではないだろうが、それにしても万単位の樹木が必要というのは看過できない。全国の鉄道輸送全体のごく一部に過ぎないSL運行は、電車、ディーゼル車を含む鉄道事業全体の排出量（駅などの施設からの排出も含む）から見るとわずかな数字ではあるが、しかし環境保全のためには排出削減に取り組まなければならないだろう。

東武鉄道は、「SL大樹」運行にあたって、CO2排出量を抑制する代替燃料を導入するべく、2024（令和6）年に検証実験を行った。使用する石炭のうち4割を、ソバ殻や木くずで作ったバイオコークスに置き換え、年間150トン以上の排出量削減を見込んでいる。150トンというのは前述の年間排出量699トンの約5分の1強で、一般家庭50世帯分の年間排出量に相当する大きな量である。

2025（令和7）年に本格導入を目指しているそうであるが、成功して他社にも導入されることを願っている。

第5章

SL列車の運行維持とSLを活用した沿線地域活性化への提言

SLの運行を維持するためには、
官民双方の支援が必要不可欠となる。
また、SLを運行することで観光需要の増大や、
果ては移住者の獲得まで、沿線地域の活性化が見据えられる。
ここでは、筆者が考えるSLを恒久的に運行するための方策と、
そのメリットを提言する。

❶ 民間有志による協賛団体の設立

ＳＬの運行を維持していくにあたって、筆者は「民間有志による協賛団体の設立」と「自治体や政府による補助体制の構築」を提案する。まずは前者を検討したい。

この話になると、かつて北海道で運行されていた「Ｃ62ニセコ号」の運行主体であった「北海道鉄道文化協議会」の失敗事例を想起し、抵抗感を抱く人が多いだろう。実際に、簡単な話では決してない。ＳＬ運行にかかる費用は億単位と莫大だからである。

ＳＬ１両の維持費は、１年あたり１億円以上とされる。真岡鐵道の「ＳＬもおか」の維持費は実際にその規模の額であるという（同社は車両の保守点検をＪＲ東日本に委託している）。もしこれが自前である場合、さらに費用がかかるはずである）。「ＳＬもおか」のＣ12形66号機は小型の「タンク式」である。もっと大きなＣ57形、Ｄ51形といった「テンダー式」の場合、もっとかかるだろう。

さらには定期的な車両検査がある。1年半ごとの中間検査、そして4～6年程度に1回の全般検査である。これにも億単位の費用がかかる。「北海道鉄道文化協議会」は、この検査費用が捻出できず、それが運行終了の一因となった。

運賃、指定席料金などの収入だけでは、それを補うには足りない。例えば2024〈令和6〉年に値上げした「SLやまぐち号」を例に取ると、想定される最大のパターン（運行日全ての日の乗車率100パーセント。乗客全員が起点から終点まで往復利用。料金が安くなる子どもは全く乗らない）で、年間運行日86日（シーズン途中から運行を始めた2024年ではなく、2022〈令和4〉年の運行予定日数）として計算すると、運賃と指定席料金の総額は1億2000万円あまりとなる。しかし実際には子どもは大勢乗るし、途中駅からの利用者もいる。

「北海道鉄道文化協議会」は、あくまで「C62ニセコ号」の運行維持のみを目的とした団体だったので、「C62ニセコ号」に関心を持つ人からしか協賛金は集まらなかっただろう。国内の全てのSL運行を包括した協賛団体を設立すれば、情報共有が図られると思われるが、しかしやはり協賛団体だけで運行を維持するのは難しいだろう。

現在、本線で運行中の蒸気機関車は、JR・民鉄・第三セクター鉄道4社の12両である。各車両の維持費を年間平均1億5000万と仮定し、数年に一度の検査費用（1回あたり1〜2億円）を1年ごとに割ると、およそ3000万円となり、合計で1億8000万円である。これに4社の所有車両数12を掛けると、21億6000万円となる。12両のうち特定の区間を走る列車は「SL冬の湿原号」「SLもおか」「SL大樹」「SLばんえつ物語」「SLかわね路号」「SLやまぐち号」の6列車である。それぞれの1年間の料金収入から諸経費を差し引いた額が3000万円と仮定すると、6列車で1億8000万円となり、前述の21億6000万円から引くと19億8000万円となる（そのほかに臨時列車の料金収入もあるが、1億8000万円を上回るほどではないだろう）。

仮にこの19億8000万円を、全国から集まった協賛金で賄うとなると、どうなるだろうか。全国のNPO法人や市民団体の個人会員の年会費の相場を考えると、協賛金の1年あたりの出資額は1人5000円が妥当だろう。だが、その5000円で合計19億8000万円を集めるとなると、19億8000万÷5000＝39万6000人の協賛出資者が必要となる。

出資者の中心は、現状においては鉄道ファンが中心となるだろう（沿線自治体のまちおこし運動の関係者にも出資していただきたいが、まだ浸透しないだろう）。鉄道ファンは、日本全国でおよそ150～200万人いるとされている。だが、そのうちの約4分の1に及ぶ高い割合の人が、年間5000円の出資をするようになるとは、到底考えられない。

話を音楽分野に向けると、例えば日本の人気ロックグループ「B'z」のファンクラブの会員数は、（活動していない会員を含むが）80万人程度とされている。これは前述した39万6000人を大きく超える。このほかの人気J－POPグループ、例えば「Mr．Children」、「スピッツ」、「AKB48」などのファンクラブ会員も含めると、全国で、少なくとも300万人ほどになると想定される（もちろん、複数のファンクラブに同時加入している人も多いだろうが、それを差し引いても、300万人規模だろう）。

ただし、現状の日本においては、蒸気機関車の運行を支援し、そのために出資を惜しまないと考えられる人の規模は、Ｊ－ＰＯＰ分野のそれに遠く及ばない。Ｊ－ＰＯＰグループのファンクラブの規模として前述した３００万人の約13パーセント、39万６０００人いれば事足りることではあるのだが、その人数も現状では厳しい。それゆえに、協賛団体による協賛金体制だけでは蒸気機関車運行維持を支えることは難しいので、ほかの方策も検討したい。

❷ ＳＬを重要文化財に

協賛団体による援助に加え、自治体や政府による補助を得ることで、ＳＬ運行は手厚く保護されることになるのではないだろうか。また、これらは、鉄道会社の経営判断のように、簡単にぶれることはない。協賛者が手のひらを返して「運行をやめたほうがいい」ということはあり得ないし、自治体や政府も一度決めた方針は固く守る。自治体の首長には、鉄道会社の経営者と同様、ＳＬ運行に熱心な人もいればそうでない人もいるが、熱心でない首長が

SL運行をストップさせるとは限らない。職務上、住民の声を無視できないゆえんである。

自治体による援助は、既に「SLもおか」における「真岡線SL運行協議会」の例があるうえ、山口県庁内の「山口線SL運行対策協議会」もセレモニーなどを支援している。もっとも、地方自治体の財政が厳しい状況が続いている。特にSL運行地域には人口が小規模な自治体が多い。ここ数年各地で起きている地方ローカル鉄道路線の存続か廃止かの協議においても、地元自治体の負担が「財政的に背に腹を代えられない」状態ゆえ存続に対して足踏みしてしまう事例も出てきている。

地元自治体が財政的に厳しいとなると、政府による補助も検討する必要があるだろう。国による補助については、1978（昭和53）年に国鉄の高木文雄総裁（当時）が言及しているが、最近では熊本県人吉市在住の矢上雅義元衆議院議員が、2023（令和5）年に人吉市長選挙に立候補した際に言及していた。

古城や神社仏閣などは、国の重要文化財に指定されると補助金を受けることができる。それと同様に、SL車両を国の重要文化財指定してもらうというのはいかがだろうか。突飛な考えと受け止められるかもしれないが、難しい話ではない。

文化庁に「SL車両が国重要文化財に指定されることは可能か？　指定された場合はどのような補助を受けられるか」という旨の質問をしたところ、

「蒸気機関車の重要文化財への指定は可能。既に重要文化財として指定されている『蒸気機関を備えた車両』は4件ある。また、このほかにもいわゆる鉄道車両の重要文化財は複数存在している」と回答をの回答を得た。

さらに重要文化財に指定されるために何が必要か、もし重要文化財に指定されたら1両あたりどの程度の補助金が発生するのかを問うと、

「重要文化財に指定するには、歴史資料の部の重要文化財指定基準を満たしたと判断される調査・研究の蓄積が必要。その基準とは、以下の4つで

一　政治，経済，社会，文化，科学技術などの我が国の歴史上の各分野における重要な事象に関する遺品のうち学術的価値の特に高いもの

二　我が国の歴史上重要な人物に関する遺品のうち学術的価値の特に高いもの

三　我が国の歴史上重要な事象又は人物に関する遺品で歴史的又は系統的にまとまって伝存し，学術的価値の高いもの

四　渡来品で我が国の歴史上意義が深く，かつ，学術的価値の特に高いもの

蒸気機関車が重要文化財に指定されるには、特に『一　政治、経済、社会、文化、科学技術などの我が国の歴史上の各分野における重要な事象に関する遺品のうち学術的価値の特に高いもの』という基準を満たす該当車両の調査・研究の蓄積とその成果が必要で、その成果などをもって、外部有識者と文化庁職員による会議において、重要文化財に指定するものとして適当であると承認される必要がある。補助金については、蒸気機関車が重要文化財に指定された場合、文化財本来の価値を維持するための修理や防災設備の整備などに対して、国庫補助を受けることができる。金額は事業内容によって異なるが、補助率は原則として補助対象経費の50パーセントとなる」

とのことだ。

文化庁の回答にもある通り、すでに4両の静態保存車両が国の重要文化財に指定されて

いる。その4両のうち1両は客車の片側に蒸気機関の運転室を備えた「蒸気動車」であるが、残る3両は本書の定義する蒸気機関車である。それぞれ具体的に紹介したい。

・1号機関車

JR東日本が鉄道博物館（さいたま市）にて所蔵。1871（明治4）年製。1997（平成9）年に重文指定。1872（明治5）年の日本初の鉄道開業において運行された車両で、国の近代交通史の黎明を告げている。

・2号機関車

京都府与謝野町が旧加悦《かや》鉄道加悦駅にて所蔵。1873（明治6）年製、2005（平成17）年に重文指定。阪神間の鉄道開業において運行された車両で、1826（大正15）年からは旧加悦鉄道で主力機として活躍し、与謝野町の近代化に貢献した。

・233号機関車

JR西日本が京都鉄道博物館にて所蔵。1903〜1904（明治36〜37）年製。2016（平成28）年に重文指定。日本初の国産量産機関車であり、外国製車両と遜色ない性能を発揮した。外国の製造技術に依存していた日本の機関車製造の自立化を達成し、国の近代化に貢献した。

以上の3両は明治時代に製造された古い車両である。現在運行中の、大正から昭和という比較的新しい時期に製造され、なおかつ修繕工事で色々と手を加えている車両が指定されるためには、資料や現役時代を知る人の証言を基に、調査研究を重ねることが必要になってくるが、製造時期が新しいだけに資料は豊富なので、十分に可能ではないだろうか。指定されると維持費の原則50パーセントの補助が受けられるので、運行維持の大きな助けになる。

なお、重文指定が可能かどうかについて「部品交換や修繕などで改変がなされているから難しい」と思う人は多いだろうが、２３３号機関車を紹介している文化庁運営サイトでは「本機関車は現役時における部品の交換やその後の復元的改変があるものの、製造時の形式番号を踏襲し、形式変更を伴うような全体的な改変がなされないまま使用された」とのことで、多少の改変はあっても全体的な改変が無ければ重文指定の障壁にはならない。この観点に立てば、たとえボイラーや台枠が交換されていようとも、製造時の図面を基に忠実に復元されている8620形58654号機の文化財的価値は十分にある。加えて、近年の文化庁は「日本遺産」制度を設けて、文化財をそれ単体として捉えずに周辺の各施設、地域の文化と併せて、歴史的、文化財的な「ストーリー性」を付与するべく動いている。その「ストーリー性」の観点から、蒸気機関車が走行している路線と合わせた包括的な文化財として、山口線とC57形1号機・D51形200号機、肥薩線と8620形58654号機が指定される可能性はあると筆者は考える。

「SLやまぐち号」が運行される山口県は、明治維新の中心地であっただけでなく、鉄道技術者として名高い秋本春三を輩出し、山口市小郡や防府《ほうふ》市などで民営鉄道が多く敷設された。また、下松《くだまつ》市の日立製作所笠戸事業所は昔から現在に至るまで蒸気機関車から新幹線車両まで製造している。正に「山口は鉄道で栄えた」といえる。山口線にも、歴史的価値のある給水塔や橋梁など多くの建築物、構造物がある。それに沿って、現役時代から今に至るまで常に動態であり続けたC57形1号機とD51形200号機が走り続けていることは、強いストー

JR人吉駅構内の石造機関庫（許可を得て撮影）。

同じく人吉駅構内のSL転車台。

リー性を持っているといえるだろう。

8620形58654号機が「SL人吉」として走行した肥薩線もまた歴史が古く(1909〈明治42〉年全通)、2両の静態蒸気機関車や木造駅舎など数多くの施設、構造物が経済産業省によって近代化産業遺産群に指定されている。スイッチバック(路線を折り返してジグザグに進んで傾斜地を登る登坂方法)が三度続くほどに険しい地域を走る人吉〜吉松間は、過去の鉄道移動の困難さを物語っている(肥薩線は鹿児島本線の海沿いの区間が開通する前の「鹿児島本線」であり、日本の主要移動ルートだった)。

前出の田中信孝氏(元人吉市長)は「肥薩線は世界遺産になる。オーストリアのゼメリング鉄道、インドのダージリン鉄道と比べても遜色ないからだ」と強調する。そうした日本近代化の歴史を語る路線において、昭和時代に地元人吉駅の車庫に配属され、引退後は同じ人吉市で地元住民によって丁寧にメンテナンスされてきた8620形58654号機も、肥薩線と併せて強いストーリー性がある。現在、肥薩線の八代〜吉松間は災害で不通となっているが、2024(令和6)年に八代〜人吉間を復旧することが決定した。2033年度を目

鹿児島県湧水町のJR吉松駅前に静態保存されているC55形52号機。

標に復旧工事が進められる見込みである。また、復旧が決定していない人吉～吉松間も、話を聞く限りでは復旧される公算が高い。肥薩線全線復旧の折には、重文指定された58654号機を見てみたい。

日本遺産と国の重要文化財は密接にリンクする。日本遺産に指定されてから重文に指定されることは大いに考えられよう。

❸ 重要文化財に対する地方自治体等の役割

重文に指定された場合は、留意しなければならないことがある。それは所有者（鉄道会社もしくは地方自治体）の役割である。現状は全て鉄道会社が運行しているが、C62形3号機や58654号機がもし運行を再開すれば自治体が運行する可能性があるので、併せて指摘したい。

文化庁のホームページに、その条文が記述されているので、以下引用したい。

地方公共団体

— 文化財保護条例の制定

— 重要な文化財の指定，選定等（国指定等を除く）

— 指定文化財の所有者等に対する管理，修理，公開に関する指示，勧告及び現状変更等の制限

―指定文化財の管理，修理，公開等に関する所有者等への補助
―文化財の保存・公開のための施設の設置，運営
―文化財の学習活動，愛護活動，伝承活動など文化財保護のための地域活動の推進
―管理団体として国指定文化財の管理，修理等
※地方公共団体により差異がある。

所有者等
―国及び地方指定文化財等に関し，所有者の変更，滅失，毀損，所在の変更等に係る届け出
―文化財の管理，修理
―文化財の公開
―重要文化財等の譲渡に際して国に対する売渡の申出
※地方公共団体により差異がある。

この条文を読む限り、自治体や所有民間団体には金銭的補助はあっても、強い管理報告義

務が発生しており、膨大な事務負担となることは想像に難くない。鉄道会社においては重文申請の前に社内で慎重に検討することが必要になるが、自治体においては当然に議会の同意が必要となろう。その際に、「SLという『遊戯物』がなぜ重文指定なのだ」と反発する議員は当然いると思われるので、じっくりとした説得が必要だろう。

❹ ふるさと納税をSL運行に活用

文化庁による支援のほかに、運行地域の各市町村のふるさと納税を活用することも検討したい。ふるさと納税の市町村ごとの金額規模は、億単位に上ることが多い。例えば熊本県人吉市の2023（令和5）年度のふるさと納税受領額は4億1000万円である（豪雨災害が起きた2020（令和2）年度は34億4000万円と突出しているが、それから3年が経過してもこの規模である）。その人吉市役所のホームページによると、受領金の使途を6項目に分類している（環境保全、子ども育成、健康福祉、歴史文化資源保存、観光振興のまちづくり、その他市長が指定の用途）。そのうち観光振興のまちづくりの項目においては、アイコンとして8620形58654号機の写真を掲載し、人吉駅前広場の整備などを目指す旨を記載。ふるさと納税が鉄道関連事業に充てられることが容易であることを示している（6項目それぞれに充てられる金額については定かではないが、仮に4億1000万円の6分の1だとすると、およそ6800万円という計算になる）。

またふるさと納税は、（時に批判もされるが）返礼品の内容によって納税先が選ばれる傾向にある。「SLもおか」沿線の真岡市は、2022（令和4）年度の納税受領額が1億8000万円だったが、翌23（令和5）年は6億5000万円と、3倍以上に伸びている。これは特産品であるイチゴを提供する農家が増えて出荷量が急増したことに起因しているという。人吉市も真岡市も人口が10万人に満たない自治体であるが、人口規模とふるさと納税の受領額は比例しない（例えば広島県東広島市の人口は20万人近くだが、ふるさと納税額は人吉市、真岡市よりも少ない）。地方の市町村は、人口は少なくても農林畜産水産物の資源が豊富である。加えて人吉市は国宝指定の神社があり、アニメ作品の舞台になっているなど芸術的資源も豊富である。ＳＬ運行路線の沿線自治体は、今後一層深化するであろう地方創生の社会的潮流の中で、新たな特産品を作ったり、芸術作品を創造したりするなどしてふるさと納税が活発になればなるほど、税収も増えていく。

現在、全国におけるふるさと納税の動きは加速度的に活発化している。この納税制度が始まった２００８（平成20）年当初は全国総計で寄付者３万３０００人、寄付金額は７億２０００万円であったが、10年後の２０１８（平成30）年は３９５万１０００人で５１２億７０００万円と、金額にして実に７２００パーセント増である。５年後の２０２３（令和５）年度は８９１万１０００人、９６５億４０００万円で、対18（平成30）年比１８８パーセント増である。「企業版ふるさと納税」すなわち地方創生応援税制も伸びが大きく、２０２３年度は４７０億円である。ＳＬ運行による沿線地域への経済効果が金額で明白化されると、一層当該地域への寄付が増えるのではないだろうか。

5 クラウドファンディングを活用してSLを動態復元

諸課題が立ちはだかるSLの運行維持であるが、各鉄道会社は、運行維持のために様々な方策を巡らして奮闘している。なかでも大井川鐵道は令和時代になってクラウドファンディングを活用して新たに静態保存車両の動態復元を行った。ここでは大井川鐵道の取り組みについて詳細に紹介したい。

これまでも多くの車両を動態復元してきた大井川鐵道であるが、2000年代初頭に「C11形190号機」を復元して以降、約20年が経過していた。しかし2025（令和7）年に設立100年を迎える同鐵道の記念プロジェクトとして、この「C56形135号機」の復元が決まった。

同機は1938（昭和13）年に製造され、九州で活躍して引退後は兵庫県加東市内の公園にで静態保存されていたが、車体の劣化が進んでいた。解体の方針が立てられたが、同鐵道が名乗りを上げて一転、譲渡が決まって公園から搬出され、復元に取りかかった。

総事業費3億円のうち1億円をクラウドファンディングで募り、結果として4313人の支援で約8400万円が集まった。現在復元作業が進行しており、2025（令和7）年に完了、運行開始の見込みである。

クラウドファンディングの専用サイトでは、同鐵道の山本豊福氏が強い思いを綴っている。

「過疎化、人口流失による利用者減、草創期から事業の大半を担ってきた貨物輸送量の減少、度重なる災害復旧につぎ込まなければいけない資金」と、企業としての同鐵道を取り巻く環境が非常に厳しい中にありながらも、「時代の片隅に置かれてしまったSL列車を今の時代に伝えること。10年後、50年後、いやそのあとも鉄道という世界にはSL列車があるということを。未来に生まれてくる人たちにも『こんな鉄道が今もあるんだよ』と、伝える使命がある」と強調する。SLの現役時代を知る高齢者だけでなく、そもそもSLを知らない世代にも未来永劫SLを伝えていきたいという意志を感じる。

実際に同鐵道はSLの維持体制を強化している。同じ静岡県内のボイラーメーカー東海汽缶を関連会社にしたうえで、蒸気機関車の整備工場を新たに建設した。ボイラーの熟練技術者などの専門家が多く在籍していて、同鐵道の車両に限らず全国のＳＬや客車の整備を行っている。この整備工場について東海汽缶は公式ホームページで「長年社内に受け継がれてきた職人の技術を次世代に継承し、全国に蒸気機関車の魅力と知恵と技術を伝えていく拠点として運用していきます」と紹介しているだけでなく、日本鉄道保存協会のウェブサイトにおいては「蒸気機関車の寿命を延ばすためのご提案」「蒸気機関車の性能確認及び運行に関するアドバイス」を取り組みとして紹介しており、ボイラーの整備に限らずＳＬを維持するための総合的な工場として機能することが期待できる。

❻ チャリティーグッズの販売による支援

以下は、筆者が考えたSL運行を盛り上げるための様々な手法を提案する。

ふるさと納税をはじめ、社会貢献活動の支援における一般的な手法と異なり、唐突に聞こえるかもしれないが、チャリティーグッズを販売するのも有用な手法である。そのヒントは、筆者が2024（令和6）年10月に取材した、広島県東広島市における動物愛護チャリティー事業である。

詳細は同月に「Yahoo！ JAPANニュース」に「中本祥二」名義で掲載した2つの記事「オリジナルカクテルを飲んで動物愛護に貢献！」「大好評のカクテル『モジュノ』は明日も発売です！　コラボTシャツも大人気！」（掲載終了期間は未定）に記したが、かいつまんで内容を説明すると、以下の通りである。

農地の宅地化が急速に進んでいる東広島市中央部において、飼育放棄や農薬誤飲による重症被害など、犬や猫など小動物の受苦が増加している。その事態を改めようと活動する動物愛護・福祉団体「ワンハート制作委員会」に活動費を寄付するべく、市内の生花店経営者と日本酒居酒屋店主が共同でオリジナルカクテルを開発し、店内で提供する企画を始めた。カクテルの収益は「ワンハート制作委員会」に贈られるという。

筆者は開発者および注文客に聞き取り取材を行ったが、その熱心な意気込みがよく伝わってきた。特に、開発者が「普通のカクテルでなく、動物愛護のストーリー性を付与することで、注文者に話題性をもって受け取めてもらえる」「型苦しく動物愛護を語るのではなく、気軽に話題に入っていける」と語ったこと、注文客が「私自身は動物を飼えないが、しかしそれでも何がしか自分にできることで貢献したい」と語ったことは大いに示唆に富んでいた。

この試みは、SL運行の分野にも応用可能ではないだろうか。「全国のSL運行を支援し、収益を各運行鉄道会社に寄付する」というチャリティーのカクテルをバーや居酒屋で提供すれば、その居酒屋で店主と客がSLの話に花を咲かせながら好意的に受け止め、喜んで購入するという流れが生まれることが期待される。また、「自分は直接援助（乗車など）をすることができなくても、何がしかの貢献をしたい」という、世の多くの人が抱くであろう心情も大きい。「SL運行にかかる年間費用は億単位」といわれると、多くの人は「自分は資産家でないし、とてもそんな費用は工面できない」と感じる。また、寄付をしようと思ったとしても、鉄道会社に直接送金しようという気持ちにはなかなかなれないし、どこに送ればいいかも分からない。だが、チャリティーカクテルを注文することによって少しでも貢献できるとなると、喜んで購入するようになると考える。

こうした手法は、経営難の地方第三セクター鉄道が自社商品をネット販売するなど既に実践されてはいるが、その商品が知名度に恵まれなければ、目に触れる機会も乏しく購入には至らないだろう（だが、その昔、芸人がギャグに取り入れたことで全国的話題を呼んだ広島県・宮島の「もみじ饅頭」のように、万人が知る商品が現れる可能性も秘めている）。

東広島市のチャリティーカクテルの開発者や注文客の語る口調が明るかったのは印象的だった。協賛金、行政支援というと、堅苦しく受け取られるうえに、何のリターンも無い出費は財布が軽くなるだけで、少々雰囲気が暗くなる。それゆえに、楽しさや遊び心のあるチャリティーカクテルの提供は新たな可能性を秘めている。

7 SL支援のバーコード決済の開発

飲食店、スーパーマーケット、コンビニエンスストアなどではキャッシュレス化が進んでいるが、近年では磁気カード以上に、スマートフォンを利用するバーコード決済が増加している（「PayPay」や大手IT企業、電話通信企業の電子マネーなど）。キャッシュレス推進協議会のウェブサイトによると、チャージしたお金で買い物をすると自動的にポイントが付与されることが人気を呼んだ理由である。

SL運行を支援する協賛団体が、ここのようなバーコード決済アプリを導入して世の人に寄付を呼びかけることは大いに有用であると考える。

バーコード決済の利用人口は、例えば「PayPay」は6500万人（2024〈令和6〉

年8月)、「楽天ペイ」は4400万人(2022〈令和4〉年1月推計)であるが、これを単純に足すと日本の人口の約4分の3にもなる。もしSL運行支援のバーコード決済が開発されて、全国に広まれば、大きな支援が得られるだろう。

8 SLファン拡大の裾野を広げる

学術分野の一つである社会学の観点から想像するに、蒸気機関車というものが「人類科学遺産」「歴史的なもの」という視点で捉えられるようになると、それだけで世の中の人々の見る目は大きく変わる。多くの人が古城を訪れてカメラのシャッターを切ったり、また喜んで戦国時代由来のお祭りの武士甲冑練り歩きに参加したりしているが、それと同じく、蒸気機関車が「歴史的遺産」と意義付けられると、「鉄道ファンの趣味対象」という捉え方を超えて大人気になると思われる。

「民間有志による協賛団体の設立」の項で、協賛団体のみでSLの運行経費を担うことは難しいと書いたが、あくまで「現状では」である。人気J－POPグループのファンクラブ会員の規模について述べたが、分野をプロ野球に転じてみたい。

昭和時代は読売ジャイアンツの連続優勝や王貞治、長嶋茂雄両選手の絶大なる人気、昭和50年代の広島東洋カープ黄金期などが相まって「野球」は少年男子を中心にした国民的趣味であったが、日本人の趣味が多様化して必ずしも誰もが野球愛好家とはいえなくなって久しい。しかしプロ野球一軍の公式戦、すなわちセ・リーグとパ・リーグ12球団による日本野球機構（NPB）主催試合の観客動員数は増加傾向にあり、2023（令和5）年度は2507万人を計上している。当然、1年に何度も試合観戦をする人も少なくないので単純に「日本国民の約5分の1」というわけではないが、1試合のチケット料金が平均2500円と仮定すると、2507万人×2500円＝626億7500円が、日本プロ野球界に1年間に投入されていることになる。

前述したように、プロ野球は日本国民の大多数が愛好しているわけではない。俗に「県民はみんなカープファンである」といわれる広島県でも、カープに関心の無い人は非常に多い。

こうした、現在においては必ずしも「国民的趣味」とはいえなくなったプロ野球でも、これだけの観客動員があり、莫大なお金が動いているのである。これをいうと、「今後SL人気が伸びても、さすがにプロ野球にはとても及ばない」と受け取られるだろう。だが、SL運行を維持するための資金は、プロ野球界で動いていると考えられる約600億円の10分の1の60億円で十分である。プロ野球愛好者の10分の1程度の人がSLを愛好するようになることは、容易ではないかと考える。

60億円を動かすには何が必要か。まず、これまで提案した各手法だけでは協賛収入は足りないだろう。前述したように、プロ野球は1年に何度もチケットを買って試合観戦をする人によって成り立っている。SL運行においては定期列車の運行とそれによる料金収入だけでなく、平日やオフシーズンを活用して通常と異なる地域で臨時列車を運行するのはいかがだろうか。その沿線の住民や、SLを初めて見る子どもを中心に、愛好者の裾野が広がっていくことが期待される。また、運行以外のイベント（運転室で汽笛を鳴らす体験、整備管理作業の見学会など）を開催して、収入を増やしていくのも一案だ。

プロ野球の人気は、各球団の本拠地（カープでいえば広島県、ソフトバンクホークスでいえば福岡県）に留まらない。例えば、カープファンは東京圏にも多いことはよく知られているが、ほかに北海道、東北、北陸など全国津々浦々にいる。北海道での対日本ハムの交流戦試合や北陸などでの地方興行試合でもファンが大勢詰めかけている。そうならしめている理由は何か。「修学旅行で広島に行って観戦したから」「子どもの時にカープの帽子を被っていたから」などエピソードは多様だが、メインの理由は「メディアでの露出度の高さ」ではないだろうか。ＴＶの全国局のニュースや五大新聞が試合の結果を伝えることで球団名を全国に知らしめている。ＮＨＫはＢＳを中心に各チームの試合中継を順繰りに放映している上に、近年は民放のＢＳチャンネルでも中継が盛んに放映されている。

ＳＬ運行においても、積極的なＴＶ放映が不可欠である。時折バラエティー番組で紹介されたり、サスペンスドラマにＳＬの走行シーンが登場したりするが、この程度ではまだまだ足りない。ＣＭの舞台としてＳＬを登場させてもいいだろう。

なお、またしてもプロ野球それも筆者がひいきにするカープの話になって恐縮であるが、カープ主催の一軍公式試合の観客動員数は、2000年代初頭は90万人程度であったのが、2010年代に爆発的に増加して150万人規模となった。かつては広島県内でも一部のマニア的な野球ファンぐらいしか試合観戦に赴かなかったが、近年はそれほど野球に詳しくないライトなファンも観戦するようになっている。その理由は、本拠地球場が旧広島市民球場から新造のマツダスタジアムに変わって注目を浴びたこともさることながら、多種多様な関連グッズが販売されて大きな話題を呼んだことも大きい。かつては「中年男性の趣味」とされていた試合観戦が若い女性を中心に裾野を広げ、関連グッズの衣料をまとったマネキン人形が広島市中心部のデパートのショーウィンドーに飾られるほどになった。こうして男女の区別無く幅広い年齢層へと裾野を広げた、広島東洋カープの経営戦略は、SL運行維持のためのマーケティング戦略の大きな参考になるのではないだろうか。

個人的な見解だが、SLというものは女性に一層支持される余地があると考える。YouTubeで「SLやまぐち号」の動画を眺めると、D51形に手を振っている振り袖姿の新成人の女性、興奮して線路沿いに繰り出すママさんなど印象的なシーンが多い。古き時代の遺産であり、郷愁的な汽笛を奏でるSLが、女性的な感性にフィットしているのだろうか。

9 地元商店などの商機拡大で一層の理解拡大を

筆者が「SLやまぐち号」に取材やプライベートで乗車した際に感じたことだが、停車駅周辺や通過地区に新たな「特産物」を創造する必要があるのではないかと思われる。現況、SLの折り返し駅がある島根県津和野町を見るに、飲食店や土産物店が、数多くの観光客に対応しきれなくなってきており、少々パンク気味な様子をうかがえる。そこで、SLが停車する途中駅に露店やキッチンカーなどを出店し、駅周辺の観光スポットをアピールするなどしてはどうだろうか。また、SLの撮影スポットで「撮り鉄」を対象に出店するのもいいだろう。実際に山口市徳佐の住民に話を聞くと、菓子などの土産物の開発などを行い、SLの乗客や見学者に販売することを願っているようだ。これが実現できればＳＬの終着駅（「ＳＬやまぐち号」でいえば津和野駅）だけでなく、途中停車駅や、ＳＬが停まらない地域にも関心が向く。

山口県庁の方によると、「ＳＬ運行地域の住民は、行政に促されるより前に自ら動く主体性を持っている」という。行政は住民が露店やキッチンカーを出店しやすくするように道路規制を緩めたり、津和野町白井地区の「ＳＬ応援団」のような自治組織の設立をうながしたりなどのアシストをしてもらいたい。そして鉄道会社には、途中

津和野白井地区の「ＳＬ応援団」の皆さん。

駅にＳＬが長時間停車するダイヤを組んで、乗客がホームに降りて買い物できるようにするなど、乗客と沿線住民が触れ合える時間を増やしたり、沿線の土産物を車内で売り出したり、観光マップを配布するなどの支援をしてもらいたい。

ＳＬを末永く運行させる方策として、協賛団体設立、公共団体による援助、ふるさと納税の充当などを提案したが、全国的に人気が底上げされるだけでなく、ＳＬ運行の意義が社会全体で共有されることが欠かせない。それは、十分な協賛金を集めるための必須条件であるばかりでなく、公共団

新金谷駅近くにある複合商業施設「プラザロコ」販売されている、大井川鐵道と地元企業のコラボレーション商品。

体による援助が国民に理解されるための条件でもあるからである。ＳＬ運行が一般的に「娯楽」と受け止められている現状では、公共団体が公金を支出しようとすると、「ほかの大切なことに使うべき」という意見が殺到しかねないが、ＳＬ運行の社会的意義が浸透すれば、それを避けられるだろう。もちろん、代替燃料の普及によってＣＯ２削減が進み、環境にも配慮していると受け止められることも必要である。

ＪＲ西日本は２０２４（令和６）年、「近年のＳＬ人気」を理由に、「ＳＬやまぐち号」の値上げに踏みきったが、それでも同列車は盛況を誇っており、確かに人気は高まっている。筆者は今回の執筆にあたって東京都の国立国会図書館で昭和時代や平成時代初期の新聞を参照したが、ＳＬのことを大きく扱った記事は見つけられなかった。しかし２０２２（令和４）年の「ＳＬ人吉」の引退に関してはは全国メディアが一斉に報道し、同年の11月18日の車両製造１００周年セレモニーもＴＶニュースが長時間放映した。このように社会におけるＳＬ運行の扱いも大きくなってきている。今後もっと大きくなり、まだＳＬが運行されたことがない都道府県でも多くの人が関心を持って受け止めるようになる余地はあると考える。さらに国の重要文化財に指定されれば、より一層、社会的意義のあるものとして共有されるようになるだろう。

国会議員の間で超党派の取り組みがなされることも期待したい。しばしば「SLやまぐち号」の見学に訪れる熱狂的ファンの前原誠司氏（衆議院・京都2区）のほか、亀井亜紀子氏（同・島根1区）もSL運行で山陰地方を活性化させるべく活動している。前出の矢上雅義氏も衆議院議員に返り咲けば、SL推進に取りかかるだろう。国会議員が大々的に呼びかけることで、世論は大きく動く。

筆者が提案したこと以外にも、日本全国の多くの人が運行維持に向けた取り組みを提案し、実践されることを期待したい。多くの人から、採算など度外視した斬新なアイデアが出てくるのも待ち望んでいる。「SLは社会的に意義があるから動かし続けてほしい」という人は多いが、口でそう言うだけでは駄目だ」と筆者は思う。

また、アイデアを出すだけでなく、それを実現させるために鉄道会社や自治体などと交渉するコーディネーター役も多く必要である。アイデアは出ても、実際に実現に向けて動かなければ、「言いっ放し」に終わるからである。

筆者は地元広島県で現在、存続か廃止かが議論されているJR芸備線について関心を抱き、多くのシンポジウムに参加している。「目新しい車両を運行してはどうか」「車内で広島の郷土料理を提供する列車を運行してはどうか」「ダイヤ改正をしてほしい」と様々なアイデアが出るが、実際にそれをJR西日本なり広島県庁なりに交渉しているかというと、その痕跡は見当たらない。鉄道事業者や役所などに直接出向いて対話をすることは相当に緊張し、エネルギーを要する。また、事

存廃が議論されているJR西日本の芸備線。

前に書面やメールを送ったのち、然るべき資料を持参のうえ対面で交渉を行うため、それらの力に長けた人材が必要である。

⑩ SL運行で地域の知名度を高める

さて、SL運行による沿線地域の活性化は、観光振興だけに留まらない。広い意味で、地域の全国的認知度アップにつながる。筆者は地元広島で知人に「人吉を知っていますか?」と尋ねてみると、「SLが走っている街ですよね」と言われた。前出の山口市の動画クリエーター山口晋氏は、「SLの観光客がリピーターになり、やがては移住につながってほしい」と期待する。Iターン移住推進や関係人口の増加のためにも、SL運行は重要な要素となる。

活気あふれる沿線の様子や多くの人々がSLに向かって手を振るシーンなど、楽しい雰囲気の映像や写真を鉄道ファンや沿線住民がSNSやYouTubeなどに投稿し、それが広く拡散されることで、多くの人が運行地域を「知る」きっかけになり、ゆくゆくは「移住」へとつながる期待が持てる。例えばSLが走っていることを知って「SLに乗りに行く観光旅行」に行き、沿線の観光スポットや町の雰囲気に感化され、リピートしていくうちに移住を決断するというアプローチがあるかもしれない。地方移住というと、福岡県や沖縄県など観光地を擁する「多くの人がよく知る」地域が対象になりがちだ。SL運行はその地域の全国PRになり、大都市住民の認知度を高め、そして、その先の移住へとつながっていくと思われる。

なお、SL人気が高まることは望むところであるが、その一方で必ず留意したいのは、安全対策である。「京阪100年号」の事故の再来は断じて防がなければならない。筆者は事故を扱った雑誌記事を目にしたが、あまりに悲惨すぎて読むことが辛かった。この事故は現代においてはあまり語られないが、風化させてはならない。

安全軽視はこの事故だけに留まらない。D51形498号機が走行している時、殺到する見学客の前で急停車し、乗務員が怒号を飛ばしているネット動画を見たことがある。2009（平成21）年4月の「SL人吉」運行開始を報じた新聞記事には、「途中区間で女性が線路に立ち入ったため遅れが生じた」という記述があった。

このような「一部の撮り鉄のマナーの悪さは仕方ない」と思われるかもしれない。だが、島根県津和野町の「SL応援団」が撮り鉄と協力関係を築き上げて、「SLやまぐち号」の沿線全体のマナーが良くなったことを考えると、ほかの運行地域でも同じような取り組みが行われることを望みたい。また、SLファンの裾野が広がるのと同時に、鉄道撮影のマナーを知らない人が危険な行為をするリスクも高まってくる。悲惨な事故を防げるように、そういった人々に向けた安全対策も必要になってくるであろう。

column

「SL人吉」は復活可能か

２０２４（令和６）年３月23日に、ＪＲ九州が熊本〜人吉間（肥薩線運休後は熊本〜鳥栖間）で運行していた「ＳＬ人吉」が運行を終了した。終了が発表されたのは２０２２（令和４）年10月である。そのときから終了を悲しむ声はあり、存続を望む声も出ていたが、その願いは次第に大きくなっている。「ＳＬ人吉」の運行終了後、筆者が熊本県民と会話を交わすと、「２０３３年肥薩線復旧の時にはまた走っている気がします」といわれたものである。熊本日日新聞において県民の女性が「最新のテクノロジーを活用して、年に数回でも走らせてほしい」と訴えたことも記憶に新しい。

筆者は人吉市長選挙の候補者に公開質問状を送るだけでなく、人吉市役所の担当者を訪ねて運行復活を要望するなどしたが、担当者は「ハードルが高いので厳しい」と明言した。

その事情もわからないではない。「ＳＬ人吉」を牽引する８６２０形５８６５４号機は莫大な維持費がかかる。同機は人吉市に無償譲渡され、ＪＲ九州は手放した。そうなると運転、整備のノウハウは継承されなくなるので、機関士や機関助士、整備担当の技術者などの人材確保も必要になってくる。税収がそれほど潤沢でない人吉市をはじめ沿線の自治体が諸費用を賄い、人材を確保することは現状では至難である。

だが、前述の通り、復活を望む声は非常に強い。そして、この地域の住民は大きなことを成し遂げる力を持っている。「ＳＬ人吉」の

2020年の豪雨災害でJR肥薩線は橋げたが流失するなど甚大な被害を受けたが、沿線住民の熱意が実って復旧見通しである。

運行路線であったJR肥薩線は2020（令和2）年に7月の豪雨により線路、橋梁などが流出するなどの甚大な被害を受け、その復旧費用は235億円とされたが、自発的に結成された市民団体が大々的な復旧運動を展開し、1万筆あまりの署名を集めた。その活動は行政、商工観光団体をも後押しした。結果としてこの肥薩線は八代～人吉間を鉄道で復旧するべくJR九州と熊本県で基本合意が交わされた。残る人吉～吉松間も、いずれ合意に至る公算が大きい。

この住民パワーは肥薩線復旧の道筋を付けることを成し遂げたが、次なる目標として「SL人吉」復活へと動くと予想している。実際今でも機関車の実物大の模型を製作するなど、精力的に活動している。

加えて、肥薩線の人吉駅に接続する第三セクター鉄道、くま川鉄道の存在も大きい。くま川鉄道（国鉄時代は「湯前線《ゆのまえ》」）は、58654号機が現役時代（1975〈昭和50〉年以前）に日常的に走行し、貨車を牽引していた。肥薩線以上に「故郷」の地である。同線は前述の豪雨災害で肥薩線同様に被災したが後に部分復旧し、2025（令和7）年度には全線復旧する予定である。

8620形58654号機は人吉駅前に静態保存されることになったが、展示場所から駅の構内に進入できるように線路を敷設しておき、くま川鉄道が全線復旧したら、人吉駅と一体となっているくま川鉄道人吉温泉駅へ入り、列車交換が可能なあさぎり駅までの区間を運行することは不可能ではないと考える。蒸気運行でなくても構わない。近年、保存車で増えている圧縮空気（コンプレッサー）を使用し、年に数回の臨時運行であるならば、難しい話ではないだろう。その臨時運行を継続的に行い、「動き続けるSL・58654号機」を広くアピールすれば、全国から多くの人が訪問し、運行資金もおのずと集まってくるのではないだろうか。当座は機関士や機関助士、整備担当技術者をJR西日本や大井川鐵道などから出張という形で招いて運行し、それと同時に少しずつ人材を育成していけば、「SL人吉」の復活も現実味を帯びてくると思う。かつての「SL人吉」が人吉など沿線地域に多大な経済効果をもたらしたことを、住民の皆さんは体感している。商工観光団体も同様だ。くま川鉄道だけでなく人吉市など行政団体も、資金の目途が付けば十分に協力するはずである。全国の協賛人、住民、財界、行政、くま川鉄道、そしてJR九州が一致団結して58654号機再運行を実現させることを信じている。

おわりに

冒頭で述べた通り、筆者は学生時代に選挙ボランティアなどの市民活動をしており、大学では教員や同期、先輩と政治論議に明け暮れていた。時には、後に内閣総理大臣に就いた3人の衆議院議員など数多くの議員と接し、そして居住地区から選出の衆議院議員（後の内閣官房長官）とは頻繁に会って顔を覚えられていた。そうした経験は「社会を操る人々は意外と自分の身近な存在である」という感覚を自分に抱かせた。だが、大変に恥ずかしいことに、自分は「他人よりも高尚な人間である」という感覚を覚えたことも確かである。本文中で幾度も「高尚な分野とそうでない分野の線引きは無い」と主張したが、かくいう自分自身が世の色々な分野に「線引き」をしていた。しかしながら、周囲の助言を基にして、次第に政治以外の分野を理解しようと努めるようになった。自分の尊大さを改めようとしたつもりではあるが、それが本当かどうかは周囲が客観的に判断することだろう。

学生を辞めて随分経った2015（平成27）年、筆者は「SLやまぐち号」に乗車した。

小学生時代以来約20年ぶりであった。途中駅の長門峡から下り津和野行きに乗車したが、まず目に飛び込んできた、客車最後尾の展望デッキがぎゅうぎゅうの満員になっているシーンに驚愕した。そしてさらに驚いたのは、沿線の大勢の住民の方々が列車に向けて手を振っているシーンである。小さな子どもは汽笛の轟音に備えて両耳を手で塞いだが、しかしその顔は笑っていた。怖くて恐ろしいけれども、それ以上にSLが、C57形1号機が好きなのだということが伝わってきた。

とても和やかなシーンを見させてもらい、復路列車を長門峡で降りて見送る際に、先頭のC57形の運転室にいる乗務員（機関士もしくは機関助士）に対して畏敬の念を抱いた。その時に、筆者に同伴していた家族は、とどめを刺すように言った。

「この人たちは特殊免許を持っているんだよ」

私は、深い信念を抱くようになった。SL運行は高邁な文化であると。以来、その視点で幾度も幾度もインターネット上の動画を見ては、SL運行を巡る様々な人間模様を脳裏に刻んできた。

思えば、筆者のこれまでの人生には常にＳＬがあった。保育園年長だったか小学１年生だったか記憶が定かでないが、まだ非常に小さかった１９８８（昭和63）年頃に「ＳＬやまぐち号」に、津和野から小郡（現・新山口）まで乗った。その時はＣ57形１号機の非常に大きな汽笛の音に驚いた。また、線路沿いの道路を走る観光バスの大勢の乗客たちが懸命に手を振っていたことも鮮明に覚えている。あのことを振り返ると、いつの時代でもＳＬは人を惹き付けるものだ。

「ＳＬやまぐち号」だけでない。私は「ＳＬ人吉」の８６２０形５８６５４号機とも、不思議な運命を共にしてきた。小学生の頃に鉄道の機関車図鑑を幾度も幾度も読み、その図鑑は今や紙が黄ばんで背表紙が破れているが、掲載されているＳＬ車両の写真を１枚１枚じっくり眺め、脳裏に刻んだ。その中に、「５８６５４号機」を現役時代（１９７０〈昭和45〉年）に人吉駅で撮影した白黒写真がある。図鑑中の「８６２０

形」の写真はその1枚だけであったが、同形式の全687両のうちの1両が、偶然にもその後も大変長く動き続けた58654号機であったということに、大きな感慨を覚える。写真に収まってから5年後の1975（昭和50）年に廃車されるも、（その頃に実際この機関車に乗務して運転していたであろう）元機関士の得田徹氏が保存展示館に毎日通い詰めてメンテナンスしてくださったお陰で劣化することなく生かされ続け、それがやがて1988（昭和63）年の「SLあそBOY」としての復活運行につながり、2024（令和6）年3月の「SL人吉」運行終了までを辿った。得田氏が、我が子を育てるように同機の手入れをひたむきに続け、その後の復活運行につなげたというヒューマンストーリーは涙腺をもくすぶらせる。同機が今後運行を再開し、末永く走り続けることは私の願いであることはもちろん、今は冥土にいる得田氏の願いでもあるはずである。

本書において筆者はSL運行維持のための様々な方策を提唱したが、口で言うだけで自分は何もしないという気ではない。できる限り、自分としても何かできることを始めたい思いである。先にも述べたが、私は「社会を操る人々は意外と自分の身近な存在である」という感覚を抱いている。それゆえに、自分が地道に何かを始めればやがて社会を操る人々が関心を抱き、状況が大きく好転すると信じている。

まずは本書を刊行することで、「SL運行が末永く続くことは可能だ」というメッセージが世に少しでも広まると信じている。執筆中においても、広島県内でたまたま出会って話をした人たちが、「『SLやまぐち号』はこれからも動き続けるのかな?」「もう機関車が古いからダメじゃない?」というやり取りをしていた。だが、「部品交換が順当に進み、整備技術が継承されればSLは活躍し続ける」という私の思いが広まっていくことを期待している。

最後になるが、多忙な業務の合間に時間を取ってくださり、インタビューや写真撮影などに協力くださった、ＪＲ西日本様、大井川鐵道様、真岡鐵道様ほか多くの取材先の皆様に感謝を申し上げたい。お聞きした思い、頂いた情報、撮らせて頂いた写真が無ければ本書は成り立たなかった。

そして、本書執筆の願いを採用して出版への道を開いてくださり、執筆期間中も常にご指導頂いたイカロス出版様、及び編集担当の北村様に感謝申し上げたい。私の大変な遅筆や時に起こしたミスの後始末で多大な迷惑をおかけしたことをお詫び申し上げたい。

また、執筆を陰ながら応援してくれた親族、友人知人、ほかの仕事（食品小売店従業員、ネット記事ライター）の同僚、上司などにも感謝申し上げたい。

２０２５年３月吉日
中本祥二

著者 Profile
中本祥二◎なかもとしょうじ
1982（昭和57）年、広島県廿日市市生まれ。フリーライター。6歳の頃に「SLやまぐち号」に乗車したことがきっかけで、蒸気機関車に愛着を抱いた。フリーフイターとして2024年1月までに、「Yahoo！JAPAN エキスパート」で飲食店や農業法人などの取材を行い195本の記事を執筆した。

編集　北村光
デザイン　田中麻里（フェルマータ）
校正　藤田晋也
写真協力　PIXTA

地方再興の力になるSLの恒久運転

2025 年 4 月 10 日　初版第 1 刷発行

著　者　中本祥二
発行人　山手章弘
発行所　イカロス出版株式会社
〒 101-0051 東京都千代田区神田神保町 1-105
contact@ikaros.jp（内容に関するお問合せ）
sales@ikaros.co.jp（乱丁・落丁、書店・取次様からのお問合せ）
印刷・製本　株式会社シナノパブリッシングプレス

Printed in Japan　ISBN978-4-8022-1529-9